솔직히 회계 1도 모르겠습니다

0부터 시작하는 나의 첫 회계 공부

솔직히 회계 1도 모르겠습니다

그래서

선생님, '회계'가 뭔가요?

고야마 아키히로 지음

김지낭 옮김

포레스트북스

나는 경제경영
분야의 원고를
집필하는 작가다.

안녕하세요! 혹시 회계에 관심 없으세요?
앞으로는 회계가 꼭 필요할 듯싶은데.

언제나처럼 잘 아는
편집자에게 메시지가 왔다.

그러고 보니
경제경영 분야에는
다양한 회계 관련 도서가 있다.

마스터
결산보고서
결정판

알기 쉬운
재무 3표

회계 참고서

CS

편집자의 말에 따르면

잘나가는 사람들은 모두
회계를 공부한다는데….

…….

전부 숫자네.

탁

같이 만들어봐요!

숫자와 계산이 싫어서 문과를 택했던 나는 당연히 거절했다.

아니요, 회계라면 겁부터 나요. 이번 일은 좀 어렵겠습니다.

띠링

'나눗셈'만 알면 된다고?

에이, 거짓말.

정말이에요!

고야마 선생님은 회계 지식을 전파하는 유튜버이자 업계 최고의 자격증 전문 학원인 TAC의 강사로도 활약 중이다.

기업이라면 눈앞에 놓인 이익과 비용을 바탕으로

5년 후, 10년 후를 내다보는 '장기 전략'도 세울 수 있죠.

이것을 '회계 사고'라고 부릅니다.

회계 사고

돈을 불리고, 벌고, 이익을 창출하는 데 꼭 필요한 지식이에요.

회계 사고가 없으면 단편적이고 주관적인 생각에 빠지기 쉽죠.

그러면 장래 설계를 제대로 할 수 없겠죠?

드럼 세트

내 집

질러 질러!

명품

웃으면서 뼈를 때리시네….

저….

선생님!

비즈니스는 물론 일상생활에도
아주 쓸모 있는 회계의 비밀

안녕하세요. 유튜버 공인회계사 고야마 아키히로입니다.

만화를 읽고 조금이나마 회계에 흥미가 생기셨나요?

앞서 소개했듯이 회계란 돈의 흐름을 가시화하는 작업으로, 주식회사의 탄생과 함께 경영 상태를 숫자로 파악하고 이익을 최대화하는 수단으로 발전했습니다. 이처럼 비즈니스 세계에서 발전한 회계이지만, 앞으로의 시대에 누구에게나 필요한 지식이라는 사실을 전하고자 이 책을 썼습니다.

아시아를 대표하는 경영 컨설턴트 오마에 겐이치는 미래의 인재에게는 영어, IT 그리고 회계가 필수라고 말했습니다. 그도 그럴 것이 영어, IT, 회계는 모두 국제 공용어니까요. 자본주의 사회에서 회계는 세계 어느 곳에 가도 쓸모 있는 기술입니다. 회사원이나 프리랜서, 아르바이트를 하는 사람은 물론 앞으로 사회에 뛰어들 학생들에게도 회계 지식은 '아주 강력한 무기'가 됩니다. 일하는 사람 누구에게나 필요한 지식이죠.

회계 지식은 실무에 도움이 되지만 그뿐만이 아닙니다. 회계의 기초를 알기만 해도 시야가 넓어지고 관점이 다양해지며 사물을 보는 눈이 180도 바뀝니다. 저는 회계를 바탕으로 사물을 보는 방식을 회계 사고라고 부릅니다. 이는 21세기를 사는 사회인의 교양이라고 해도 과언이 아닙니다.

제가 유튜버 공인회계사를 시작한 계기 역시 회계 사고였습니다. 공인회계사는 비교적 돈을 잘 버는 직업이지만, 회계법인에서 큰 기업만 상대하다가 은퇴하는 사람도 많습니다. 물론 그런 인생을 부정하진 않지만, 저는 더 많은 자유를 누리고 싶었습니다.

'남녀노소 가리지 않고 더 많은 이들에게 회계 지식을 전할 수 없을까?'

'그 과정을 통해 나도 성장할 수 없을까?'

고민 끝에 인터넷만 있다면 누구나 무료로 접근할 수 있는 유튜브를 발신 매체로 골랐습니다. 그리고 유튜브 활동 덕분에 새로운 만남이 늘었고 일의 폭도 넓어졌습니다. 본업뿐만 아니라 각종 이벤트 출연과 강연 의뢰를 받았고, 자격증 전문 학원 TAC의 강사, 서적 집필 등 평범한 공인회계사였다면 생각지도 못할 성과를 이루었습니다.

의뢰가 늘어나면 선택지도 늘어나기에 질 높고 단가도 높은 일을 스스로 고를 수 있습니다. 일을 고를 수 있다는 것은 인생의 선택지가 많다는 뜻입니다. 선택지가 많을수록 행복도 역시 올라가죠. '옵션(option)'이라는 금융 용어가 바로 이 개념과 일맥상통합니다. 'A라는 일밖에 없으니 A를 하는 경우'와 'A와 B가 주어진 상황에서 A를 고르는 경우'의 행복도는 전혀 다릅니다.

또 하나 깨달은 점은 유튜브나 SNS로 셀프 브랜딩을 하는 이들 중 대다수가 회계 사고, 특히 스톡 사고를 활용하고 있다는 사실입니다. 회계 용어 중에 흐름(일과성)을 뜻하는 '플로 (flow)'와 축적(자산성)을 뜻하는 '스톡(stock)'이라는 말이 있습니다. P/L(손익계산서), B/S(재무상태표)와 관련된 개념이지요. 이 책을 추천해준 인터넷 기업가 니시무라 히로유키를 비롯해 멘탈리스트 다이고, 코미디언이자 유튜버 나카타 아쓰히코, 기업가 호리에 다카후미, 킹콩이라는 콤비로 활약 중인 코미디언 니시노 아키히로 등이 스톡 사고 실천의 좋은 예를 보여줍니다. 재미있는 이야기, 공부가 되는 영상과 같은 작업(플로)을 다양한 미디어에 축적(스톡)함으로써 자신의 가치와 기술을 높이고 있으니까요. 대부분 사람이 플로에서 끝내는 반면, 이들은 플로와 스톡을 반복하면서 자산을 눈덩이처럼 불리고 있습니다.

저 역시 전국을 돌며 세미나와 강연을 한 뒤 촬영한 동영상 (플로)을 유튜브에 올리고(스톡) 있습니다. 동영상이 세계 각지에서 365일 쉬지 않고 일해주는 덕분에 실제로 돈을 내고 강연을

듣고 싶다는 의뢰가 많이 들어옵니다. 또다시 강연을 촬영하여 유튜브에 올리면서 '플로 → 스톡 → 플로'를 반복합니다. 단순해 보이지만 효율적으로 자산을 불리는 방법입니다.

이 책에서는 회계에 관한 기초 지식을 가능한 한 넓고 쉽게 전달합니다. PART 1에서 회계의 전체 흐름을 파악한 뒤, PART 2~5에 걸쳐 일상생활에도 쓸모 있는 재무회계, 관리회계, 파이낸스 지식을 더없이 간단히 설명했습니다.

기업의 이익 창출 구조가 궁금한 분, 결산보고서를 읽고 싶은 분, 회계 책을 읽다가 좌절한 경험이 있는 분, 공인회계사·세무사를 비롯하여 돈과 관련된 자격증 취득이 목표인 분들의 첫걸음에 적합한 내용입니다. 모쪼록 이 책을 통해 회계 사고를 익히고 업무는 물론 일상생활에도 적극적으로 활용한다면 저자로서 더없는 기쁨이 될 것입니다.

그럼 회계 수업을 시작하겠습니다!

유튜버 공인회계사
고야마 아키히로

차례

PART
1

회계가 뭐지?
회계의 큰 틀을 한눈에 파악하자!

PART
2
지식 0에서 시작해
결산보고서를 술술 읽어보자!

PART
3
부기의 기초 지식을
차근차근 배우자!

PART
4
관리회계의 분석 기법을 쏙 훑어보자!

※ 이 책은 2021년 9월의 회계기준과 세법을 바탕으로 썼습니다.

등장인물 소개

가르치는 이

고야마 아키히로 선생님

자유를 사랑한 나머지 대형 회계법인에서 독립한 공인회계사. 회계의 매력을 전파하고자 유튜버 공인회계사로 활약 중이며, 자격증 전문 학원 TAC에서도 회계를 가르치고 있다. '회계' 이야기로 밤을 새울 수도 있을 만큼 열정이 넘친다.

배우는 이

프리랜서 작가 토끼

한 달에 한 권꼴로 책을 쓰고 있다. 토끼처럼 신중한 성격이지만 착실한 인생 설계를 하지 못하고 있다는 생각에 회계 수업을 받기로 마음먹었다.

PART

1

회계가 뭐지?
회계의 큰 틀을 파악하자!

도대체
회계가 뭐길래?

SECTION
1

POINT
핵심
포인트 !

☑ 회계 = 모으기+셈하기 = 돈의 흐름을 가시화하는 작업
☑ 회계에는 기업회계, 정부회계, 가정회계 등 여러 종류가 있다.
☑ '회계'라 하면 보통 기업회계를 뜻한다.

 솔직히 '회계'가 뭔지 잘 모르겠어요. 돈을 계산하는 거라는 정도는 알겠는데, 그렇다고 술집 같은 데서 "사장님! 여기

회계요!"라고 하는 사람은 아무도 없잖아요. 그냥 그런 말이 있구나 하는 정도죠.

 아마 대부분 그럴 거예요. 참, 토끼 씨는 프리랜서니까 매년 종합소득세를 신고하시죠?

회계가 뭐지? 회계의 큰 틀을 파악하자!

그럼요. 그맘때면 영수증 찾으랴 숫자 맞추랴, 장부랑 씨름하느라 바쁘다니까요.

 그런 과정도 모두 회계라고 할 수 있어요. 회계의 회(會)는 '모으다', 계(計)는 '셈하다'라는 뜻이거든요. 영수증을 모으고 장부에 입력하는 작업도 엄연히 회계인 거죠.

 그건 몰랐어요!

 자, 그럼 무엇을 모으고 셈하느냐. 바로 영수증이나 계산서 따위에 적힌, '돈이 들어오고 나간 기록'이죠. 회계를 한마디로 나타내면 '돈의 흐름을 가시화하는 작업'이에요. 집안 살림인 가계를 예로 들어볼까요?

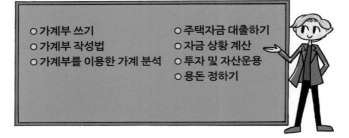

O 가계부 쓰기　　　　O 주택자금 대출하기
O 가계부 작성법　　　O 자금 상황 계산
O 가계부를 이용한 가계 분석　O 투자 및 자산운용
　　　　　　　　　　O 용돈 정하기

이렇게 가정의 돈을 관리하는 데에도 다양한 방법이

있습니다. 만약 가계부를 적지 않는다면 돈을 어디
에 얼마나 썼는지, 저축은 얼마나 있는지 파악하기
힘들 거예요.

정말 그렇네요.

회계에는 여러 종류가 있습니다. 그중에는 가계도
포함되죠. 정부나 지방자치단체의 회계를 '정부회계'
라고 하는데 흔히들 '재정'이라고도 합니다. '회계'라
고 하면 보통 '기업회계'를 뜻해요.

집안 살림도 나라 살림도 회계라는 큰 틀은 똑같군요!

돈이 움직이는 곳엔 회계가 빠짐없이 등장하죠. 현
대 사회가 돈을 중심으로 돌아가는 만큼, 우리 생활
에도 회계 지식이 꼭 필요합니다.

SECTION

2

POINT

핵심
포인트 !

회계는
왜 필요한 걸까?

☑ 회계는 경영 활동을 기업 외부에 보고하는 수단이다.
☑ 기업 외부용 회계와 기업 내부용 회계는 따로 있다.

 잘나가는 사람들은 회계에 빠삭하다던데, 정말인가 요? 혹시 돈 버는 데 도움이 되나요?

 회계를 배우면 기업의 존재 이유와 존속 조건, 즉 '기 업이란 무엇인가'를 제대로 이해할 수 있어요. 돈 버는 데 없어서는 안 될 지식이죠. 기업회계가 필요한 이유 를 설명하기 전에 회계의 목적을 짚고 넘어갈까요? 회계란 투자자, 은행, 거래처와 같은 '기업 외부의 이 해관계자'에게 '돈의 사용처'를 보고하는 수단입니다.

 그럼…, 월급을 관리하는 아내에게 남편이 "가계부 좀 보여줄래?" 하고 물어보는 상황과 비슷한가요?

맞습니다! 부인이 "지금 날 의심하는 거야?"라며 삐질 수도 있겠지만요.

 으으…. 갑자기 식은땀이 나는데요.

 또 이런 경우를 생각해볼까요? 친구가 "사업 시작하려고 하는데 1,000만 원만 빌려주라. 이자 쳐서 갚을게!"라고 해서 돈을 빌려줬어요. 그런데 친구가 고급 승용차를 뽑았다면 어떤 생각이 들까요?

 내 돈을 돌려받을 수 있을지 걱정되겠죠.

 기업이 투자금을 모을 때도 돈을 불려서 '이자를 붙여 상환'하거나, '이익을 분배'하겠다고 약속합니다.

외부에서 기업의 내부 사정을 파악하긴 어렵지만, 투자자에게는 투자금이 어떻게 쓰이는지 알 권리가 있죠. 그래서 회계라는 보고 수단이 생긴 겁니다.

그런 이유였군요!

앞서 설명한 대로 회계는 기업 외부의 이해관계자에게 보고하는 수단이지만, 한 가지 역할이 또 있습니다. 잘 생각해보세요. 기업 내부에서 자사의 상황을 객관적으로 분석하고 앞으로의 계획을 세울 때도 회계가 필요하지 않을까요?

듣고 보니 그렇긴 한데…. 가계부를 쓰다 말다 해서 잘 와닿지 않네요.

그럼 거꾸로 질문하겠습니다. 왜 가계부를 착실히 쓰지 않으셨을까요?

귀찮아서요. 어차피 돈은 돌고 도는 거잖아요.

낙천적이시네요. 하지만 기업의 자금흐름은 생명줄

이나 마찬가지입니다. 거래처 어음결제나 은행 차입금 상환에 실패하면 회사 존속이 위태로워지니까요. 그런 상황을 막기 위해서 기업은 현금흐름, 적립금, 대출금 등을 '항상 눈에 보이는 상태'로 관리합니다.

경영자가 부지런해서 그런 게 아니군요.

꼭 필요하기 때문이죠. 내부 상황을 잘 파악해야 안정적이고 건전한 경영을 할 수 있습니다. 이 과정에서 기업 내부의 경영자에게 보고하기 위한 회계가 등장한 거예요.

회계에는 기업 외부의 이해관계자에게 보고하는 용도, 그리고 자사의 재정을 파악하는 용도 두 가지가 있다는 말이군요. 앗, 이렇게 깔끔하게 정리하다니! 갑자기 엄청 똑똑해진 기분인데요!

회계에는 '두 가지 역할'이 있다

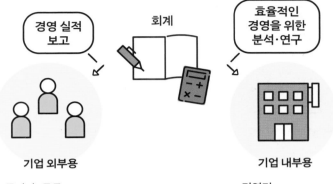

기업 외부용	기업 내부용

• 투자자, 주주
• 은행
• 세무서(과세 당국)
• 거래처, 직원(구직자) 등
	• 경영진
	• 경영기획실, 재무부,
	  경리부 등 기업의 숫자에
	  관여하는 이들

기업 외부용 회계와 기업 내부용 회계: 재무회계와 관리회계

☑ 기업 외부용 회계 = 재무회계: 결산보고서로 정리하여
   회계 정보를 제공한다.
☑ 기업 내부용 회계 = 관리회계: 경영 개선에 필요한 회계 정보를
   분석한다.
☑ 재무회계에는 일정한 규칙이 있으나 관리회계에는 특정한 규칙이 없다.

회계를 크게 기업 외부용 회계와 기업 내부용 회계로 나눌 수 있다고 설명했죠? 기업 외부용 회계를 '재무회계', 기업 내부용 회계를 '관리회계'라고 합니다. 각각 목적이 다르다는 사실을 꼭 기억해두세요.

재무와 관리…. 난이도가 확 올라가네요.

이렇게 외우면 헷갈리지 않아요.

> **기업의 '재무' 상황을 보고하기 위한 회계** = 재무회계
> → **기업 외부용 회계**
> **경영을 '관리'하기 위한 회계** = 관리회계
> → **기업 내부용 회계**

이 중 회계에서 기본 중의 기본이 재무회계입니다. 결산보고서를 만들어 외부에 보고하는 것이 재무회계의 목적이에요. 회사의 재무상태와 경영 성적을 1년에 한 번 기업 외부의 정보 이용자에게 보고하는 일을 '결산'이라고 하는데, 그때 사용하는 서류를 결산보고서라고 합니다.

그, 숫자만 빼곡한 서류 맞죠?

이 결산보고서의 정식 명칭은 '재무제표'예요. 재무제표에는 다양한 종류가 있는데 특히 중요한 것이 P/L, B/S, C/F입니다.

이 세 가지를 재무 3표라고 불러요.

재무 3표란?

P/L 손익계산서(Profit and Loss Statement)
→ 기업의 경영 성적(이익)을 나타낸다.

B/S 재무상태표(Balance Sheet)
→ 기업의 재정 상태(재산)를 나타낸다.

C/F 현금흐름표(Statement of Cash Flows)
→ 기업의 현금 유입과 유출 상황을 나타낸다.
(※ 이 책에서는 이후 P/L, B/S, C/F로 표기)

잠깐만요! 한꺼번에 외우려니까 머리가 어질어질해요.

 '재무회계에는 일정한 규칙이 있다'라는 점이 핵심입니다. 자유롭게 기록하는 가계부와 달리 기업회계는 정해진 규칙에 따라 기록해야 하거든요.

 왜 그런 거예요?

 예를 들어 A사와 B사의 이익 계산 방식이 다르다면 어떨까요? 비교하기가 어려워서 투자자들이 곤란할 거예요. 또 같은 회사라도 이익을 계산하는 방식을 매년 바꾼다면 실적이 좋아졌는지 나빠졌는지를 판단하기 어렵겠죠.

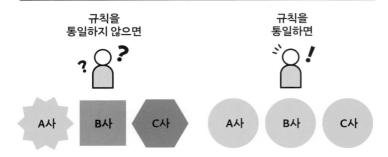

규칙을 통일하면 비교하기 쉽다

회계가 뭐지? 회계의 큰 틀을 파악하자!

그래서 재무회계에서는 '비교하기 쉽도록' 재무제표의 작성법이 통일되어 있습니다.

오, 그렇군요.

한편 관리회계는 '경영 개선에 필요한 분석 수단'을 통틀어 일컫는 말입니다. 그러므로 어떤 식으로 분석할지, 분석할 때 어떤 숫자를 참고할지, 그 숫자를 어떤 계산식에 대입할지와 같은 규칙이 따로 없어요. 애초에 기업 내부용이기 때문에 각자 자유롭게 하면 되는 거죠.

> **더 알아보자!**
>
> ### 제도를 따른다? 따르지 않는다?
> **재무회계를 '제도회계(제도를 따르는 회계)', 관리회계를 '비제도회계(제도를 따르지 않는 회계)'라고 말하기도 합니다.**

관리회계를 보면 경영자의 경영 감각을 엿볼 수 있겠네요.

맞습니다. 기업 외부의 사람은 결산보고서 정도만

참고하는데, 전문 투자자는 그 숫자를 관리회계의 기술로 분석하기도 해요.

 그렇다면 '재무회계 = 회계 정보를 만드는 작업 또는 회계 정보 자체'이고, '관리회계 = 회계 정보 분석'이라고 이해해도 되겠네요. 어떤 관계인지 잘 알았습니다!

세무회계의 바탕에는 재무회계가 있다

SECTION

4

POINT
핵심
포인트 !

☑ 소득세 신고(세무신고)를 비롯한 세무회계는 재무회계의 파생형이다.
☑ 회계의 보고 대상에는 과세 당국도 포함된다.
☑ 경영 상태를 파악하려면 세무회계 서류보다 결산보고서를
   보는 편이 좋다.

 결산보고서의 P/L과 B/S라…, 어디서 많이 본 것 같
은데…?

 혹시 소득세 신고할 때 본 게 아닐까요?

 맞아요! 장부를 작성하면 세금을 절감할 수 있다고
했어요.

 그렇다면 매년 P/L과 B/S를 제출하고 있겠네요. 회
계 프로그램이 자동으로 만들어주겠지만요.

 그럼 저도 재무회계를 해온 셈이군요. 그런데 재무

회계는 기업 외부 보고용이 아니었나요? 저는 투자자나 은행과는 아무 관련이 없는데요.

이때의 외부는 과세 당국을 뜻합니다. 이것도 기초 지식으로 알아두어야 하는데, '투자자나 은행에 대한 보고'와 '과세 당국에 대한 보고'는 양식이 조금 달라요. 과세 당국을 대상으로 하는 회계를 '세무회계'라고 합니다.

재무회계 안에 세무회계가 포함되나요?

네. 별개로 생각하는 전문가도 있지만, 세무회계는 재무회계의 파생형이라고 할 수 있어요. 별종이라고 생각하면 알기 쉽겠네요. 기업 외부 보고용이라는 점에서는 같은 범주에 속하지만요.

별종이라고요? 재무와 세무는 형제처럼 이름이 비슷한데 어떤 차이가 있나요?

둘 다 재무제표를 기초로 합니다. 다만 세금을 계산할 때는 재무제표를 기초로 '세무조정'이라는 과정을 거칩니다. 자세한 내용은 PART 2에서 다루겠지만, 기업의 경영 상태를 알고 싶다면 재무회계의 재무제표를 보는 것이 정확합니다.

 '세무조정'이라는 말, 태어나서 처음 들어봐요!

 토끼 씨만이 아니라 아마 대부분 모를 거예요.

'세무회계'는 '재무회계'의 파생형

재무회계 ⎯⎯ 세무회계

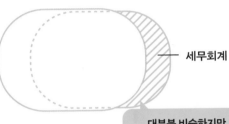

대부분 비슷하지만 세무회계만의 특징이 있다!

대항해 시대와 함께
주식회사의 막이 열리다

재무회계는 기업 외부에 보고하는 것이 목적이라고 설명했는데, 회계의 개념이 탄생한 것은 500년 전 유럽이었습니다.

첫 번째 계기는 역사 시간에도 배우는 '대항해'입니다. 당시 유럽의 여러 나라가 항해를 시작하면서 동방무역(인도와의 교역)도 활발해졌습니다. 본래 지중해 연안의 상인을 통해서 동방과 교역했던 유럽은 오스만 제국이 중동을 지배하자 교역 수단이 막혔고, 동방과 직접 무역할 방법을 모색합니다. 그 결과 아프리카 대륙을 빙 둘러 가는 거대한 프로젝트, 바로 대항해가 시작된 것입니다. 그리고 무역의 실무를 담당한 곳이 네덜란드의 '동인도회사'로, 세계 최초의 '주식회사'입니다.

주식회사의 구조를 간단히 설명하겠습니다. 주식회사는 회사를 소유할 권리, 즉 '이익을 분배받을 권리'를 '주식'이라는 형태로 나누어 투자자에게 판매합니다. 이 방법을 쓰면 가족 기업식 경영으로는 마련하기 힘든 규모의 거금을 한꺼번에 조달할 수 있습니다. '사업을 하는 과정에서 막대한 자금이 필요해졌고 그에 따라 주식회사라는 구조가 생겼다'라고 표현하는 편이 정확할지도 모르겠습니다.

100% 자기자본만으로 사업을 진행하기에는 초기에 필요한 투자 금액이 너무 큰 데다, 가장 중요한 자산인 배가 조난당한다면 손실을 감당하기 어려우니까요. 당시 인도 무역은 엄청난 이익을 내는 비즈니스였습니다. 적은 돈으로 그 비즈니스에 참여할 수 있으니 마다할 이유가 없지요.

이 구조는 '회사'를 이해하는 데 가장 중요합니다. 주식회사는 이익이 분산되는 대신 위험도 분산됩니다. 사장이 자사 주식 대부분을 가지고 있는 경우는 별개지만요. 그만큼 막대한 돈이 움직이는 비즈니스이기 때문에 돈을 투자한 주주라면 동인도회사가 일을 잘하고 있는지, 이익을 현지에서 흥청망청 쓰고 있진 않은지, 이익을 제대로 분배받을 수 있을지 걱정하는 게 당연하겠죠.

그래서 만들어진 것이 결산보고서, 바로 재무제표입니다. 어떤 사람이 봐도 기업의 자금흐름을 이해할 수 있도록 정해진 규칙에 따라 기록하고 보고하는 표입니다. '이번에 열심히 일해서 후추와 비단을 잔뜩 사들였습니다!'와 같이 문장으로 보고하지 않고, 모두 화폐 단위로 환산해서 숫자로 보고하는 것이지요.

재무제표가 탄생하는 데에는 이런 배경이 있습니다.

부기의 발상지 베네치아

부기의 발상지는 '물의 도시'로 불리는 이탈리아의 베네치아입니다. '복식부기'는 기업의 숫자를 기록할 때 사용하는 전 세계 표준 규칙인데, 사실 르네상스 시대의 베네치아 상인들이 사용하던 방법입니다.

이 복식부기를 유럽 전역에 퍼뜨린 사람이 이탈리아의 천재 수학자 루카 파치올리입니다. 젊었을 적에 회계를 공부했던 그는 복식부기의 원리를 1494년 『산술·기하·비율 및 비례 총람』이라는 아주 두꺼운 책에 정리했습니다. 이 책은 당시의 인쇄 기술에 힘입어 유럽 전역으로 보급되었죠. 파치올리를 '회계의 아버지'로 부르지만, 그가 복식부기를 고안한 것은 아닙니다. 단지 책으로 엮어 알렸을 뿐이지요.

파치올리는 이탈리아의 명문 메디치 가문에 복식부기를 가르친 인물로도 유명합니다. 메디치 가문은 은행업으로 막대한

부를 쌓으며 왕이나 다름없는 영향력을 행사했죠. 메디치 은행이 유럽 각지에 퍼질 수 있었던 것도 복식부기를 도입했기 때문이라고 합니다.

메디치 가문이 후원하던 레오나르도 다빈치도 파치올리의 제자였습니다. 그에게 수학을 배우면서 원근법을 터득했으니, 파치올리가 〈최후의 만찬〉의 아버지 중 한 사람이라고 해도 과언이 아니겠지요.

기업 외부용 자료를 만들기 위해 태어난 부기는 아주 오래 전부터 활용되었지만, 기업 내부용 관리회계는 그로부터 시간이 많이 지난 19세기에 미국에서 등장했습니다. 산업 혁명과 함께 대량 생산이 일반화됐는데, 사업의 규모가 커지고 복잡해지면서 관리 수단이 필요해졌기 때문입니다.

가계와 기업회계의 차이①
단식부기 vs 복식부기

☑ 돈의 증감만을 기록하는 방식이 단식부기
☑ 경제 거래의 원인과 결과를 동시에 기록하는 방식이 복식부기

그럼 회계의 큰 틀을 파악하기 위해 기업의 회계와 가계를 비교해서 설명하겠습니다. 가정에서 200만 원짜리 컴퓨터를 샀다고 생각해봅시다. 이 내용을 가계부에 어떻게 기록할까요?

저라면 '-200만 원'이라고 쓰고 옆에 '컴퓨터 대금'이라고 적을 거예요.

그렇죠. 가계부를 적는 주요 목적은 지출의 균형이 나쁜 부분을 찾는 것이니까 단순히 기록하는 것으로도 충분해요. 이런 기장법을 '단식부기'라고 합니다.

아까 파치올리 이야기에서 '복식부기'라는 말이 나왔
는데요. '단'은 뭐고 '복'은 뭔가요? 경마의 단승, 복승
이라면 잘 아는데….

 장부에서 숫자를 관리할 때 쓰는 과목명을 전문 용
어로 '계정과목'이라고 해요. 그 과목명이 '1개(단수)'인
지 '여러 개(복수)'인지로 나뉜다고 생각하면 됩니다.
가계부에 '컴퓨터 대금으로 200만 원을 썼다'라고 기
록했을 때의 계정과목은 과목명이 현금 하나뿐이니
까 단식인 겁니다.

 어? '컴퓨터 대금'과 '200만 원', 이렇게 2개 아닌가요?

 월말에 가계부를 정리할 때를 생각해보세요. 수지를
맞추고 어디에 썼는지만 확인하면 끝이죠. 혹시 컴
퓨터, 달걀, 세제 등등 '무엇을 샀는지'도 따로 목록을
만드나요?

 아니요! 그 귀찮은 일을….

 그렇죠? 가계는 기본적으로 '월급이 들어와 현금이

300만 원 늘었다'라거나 '수중의 현금이 200만 원 줄
었다'라는 식으로 돈이 들어오고 나간 사실만 기록
합니다.

<단식부기>

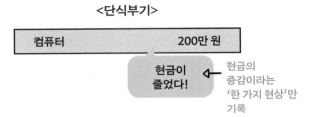

그래서 단식부기로 기록하면 현금으로 무엇을 샀는
지 장부상에서 확인하기 어렵다는 단점이 있어요.

 그렇네요. 이번 달에 '얼마'를 썼는지 확인하기 위해
가계부를 적으니까요.

 그에 비해 베네치아 상인이 고안한 복식부기는 '컴
퓨터를 200만 원에 샀다'라는 사실을 '현금이 200만
원 줄었다'와 '자산이 200만 원 늘었다'라는 두 가지
관점에서 장부에 기록합니다.

<복식부기>

컴퓨터 200만 원	현금 200만 원

자산(컴퓨터)이 늘었다!

현금이 줄었다!

자산(컴퓨터)과 현금이라는
'두 가지 관점'을 동시에 기록

어떤 거래든지 간에 '원인과 결과'를 동시에 기록하는 방식이 복식부기입니다.

 돈을 썼다는 사실뿐만 아니라 돈을 써서 무엇이 늘어났는지도 기록하는군요!

 맞습니다. 컴퓨터를 샀다면 '자산이 200만 원 늘었다'라는 내용이 '원인', '현금이 200만 원 줄었다'라는 내용이 '결과'가 되는 거죠.

 왜 그렇게 나누는 건가요? 귀찮을 텐데.

 그편이 기업의 현재 상황을 더 정확하게 파악할 수 있으니까요. 복식부기를 이용하면 현금의 증감뿐만

아니라 회사가 가지고 있는 현금 이외의 재산, 대출
금도 집계할 수 있어요.

대출금도요?

네. 기업 외부에 보고하는 수단이 회계이고, 그 보고
의 근거가 되는 자료가 장부예요.
그런데 보고해야 할 정보가 장부에 없다면 어떻게
될까요? 대출금이 얼마나 남아 있는지 외부인에겐
보이지 않겠죠.

그렇군요. 주주라면 현금 외에 얼마만큼의 자산이
있는지, 대출금이 얼마나 남아 있는지 알고 싶을 텐
데….
아, 좋은 생각이 떠올랐어요! 대출을 받을 때 장부에
따로 '대출금이 100만 원 늘었다'라고 적으면 어떨까
요?

그런 방식이 바로 복식부기입니다. 이렇게 기록하면
되죠.

현금 100만 원	대출금 100만 원

 아…, 하하. 저보다 먼저 고안한 사람들이 있군요.

SECTION

6

POINT
핵심
포인트 !

가계와 기업회계의 차이②
현금주의 vs 발생주의

☑ 실제로 돈이 움직인 날에 기록하는 방식이 현금주의
☑ 실제 돈의 움직임과는 상관없이 경제 거래가 발생했을 때
   기록하는 방식이 발생주의

 가계와 기업회계의 차이는 한 가지 더 있습니다. 바로 현금주의와 발생주의죠.

완벽히 같은 개념은 아니지만 '단식부기가 현금주의', '복식부기가 발생주의'라고 이해하면 됩니다.

 으으, 또 어려운 단어가 튀어나왔네요.

 처음 나오는 용어지만 내용은 전혀 어렵지 않습니다. 예를 들어 토끼 씨가 원고를 다 쓰고 나서 출판사에 100만 원의 청구서를 보냈다고 생각해보세요. 만약 몇 달 후에나 입금된다면 어떨까요?

몇 달씩이나 기다려야 한다면 많이 쪼들리겠죠.

 하하, 현실적인 고민이네요.

이런 경우 현금주의에 따른다면 100만 원이 입금된 것을 확인하고 나서 장부에 기록합니다. '현금이 실제로 움직인 사실'만을 기록하니까 현금주의라고 하는 거예요. 단순하죠?

반면에 발생주의는 '경제 거래가 발생한 시점', 즉 청구서를 보낸 시점과 입금된 것을 확인한 시점에 따로따로 기록하는 방식이에요.

발생주의는 다음과 같이 각각 복식으로 기록합니다.

> **100만 원의 청구서를 보냈을 때**
> **외상매출금 100만 원   매출액 100만 원**
> (매출액이 100만 원 늘어난 대신 외상매출금이 100만 원 늘었다.)
>
> **100만 원이 입금되었을 때**
> **현금 100만 원   외상매출금 100만 원**
> (현금이 100만 원 늘어난 대신 외상매출금이 100만 원 줄었다.)

여기서 외상매출금이란, '받기로 예정된 돈', 즉 '대금을 받을 권리'를 말하는데 자세한 내용은 PART 2에서 설명하겠습니다.

 발생주의는 어떤 점이 편리한가요?

 복식부기와 마찬가지로 발생주의에 따르면 기업의
실적을 더 정확히 기록할 수 있습니다.

철도 사업에서 시작된 감가상각의 개념

☑ 감가상각이란 비용을 분할 계상하는 것이다.
☑ 감가상각 개념은 철도 사업에서 시작되었다.
☑ 비용을 감가상각하면 실질적인 경영 상태를 알 수 있다.

'감가상각'이라는 개념도 발생주의입니다. 감가상각
이라는 말을 들어본 적 있나요?

예전에 업무에 쓰려고 산 컴퓨터 대금을 회계 프로
그램에 입력했는데 대뜸 '유형자산'으로 분류해서 감
가상각을 하더라고요. 왜 제멋대로 처리하는지 모르
겠어요.

꽤 비싼 컴퓨터를 산 모양이네요. 대체로 100만 원
이상의 비품은 유형자산으로 취급하거든요.[1] 그래
서 회계 프로그램이 유형자산으로 분류해서 처리한
거예요.

감가상각은 한마디로 '비용을 분할 계상하는 것'입니다.

 비용을 나눌 수가 있는 건가요?

 네. 감가상각이라는 제도가 없다면 컴퓨터를 산 해에 한꺼번에 비용으로 처리하겠지만, 감가상각이 적용되면 이야기가 다릅니다. 몇 년에 걸쳐서 비용을 나누어 계산하게 되죠.

 예? 비싼 물건을 샀으니까 그해 소득세 절감에 도움이 될 줄 알았는데…. 나눠서 처리하면 손해 아닌가요?

 기간이 나누어질 뿐 결국 전액이 비용으로 처리되니까 손해는 아니에요. 몇 등분으로 나누느냐는 유형자산의 종류에 따라서 내용연수가 정해져 있어요. 컴퓨터는 4년[2]이니까 200만 원을 4등분 해서 매년 계상하는 거죠.

 분할 납부가 아닌 분할 계상이로군요.

컴퓨터를 보유하고 있는 한, 그 컴퓨터로 매년 수익을 창출하겠죠. 컴퓨터가 수익 창출에 쓰이는 동안 구매 대금을 배분하니까 그해에 발생한 이익을 정확히 알 수 있습니다.

---

1 한국에서도 취득가액이 100만 원을 초과하는 비품은 유형자산으로 분류한다.

2 한국의 기준내용연수는 5년이다.

회계가 뭐지? 회계의 큰 틀을 파악하자!

감가상각이
생겨난 이유

회계의 발생주의와 감가상각이라는 개념은 17세기 영국의 철도 회사에서 처음 도입되었습니다. 철도 사업을 시작하려면 토지를 매입한 뒤 선로를 깔고, 역을 만들고, 기관차를 사야 합니다. 엄청난 규모의 초기 투자가 필요하지요. 그 비용을 첫해에 한꺼번에 처리한다면 대규모의 적자를 피할 수 없겠죠.

철도 사업이 2년째에 돌입했다고 생각해보겠습니다. 첫해에 투자 비용을 모두 처리했으니 2년째 이후에는 큰 이익이 발생합니다. 인건비와 연료비 외에 특별한 비용이 들지 않으니까요. 하지만 이것이 철도 회사의 현재 경영 상태를 정확히 나타내는 걸까요? 그렇지 않습니다. 첫해에 큰 적자를 기록한 장부를 보면 틀림없이 도산할 것으로 여겨질 테고, 2년째의 이익만 놓고 보면 아주 실적이 좋은 기업이라고 착각하기 쉽죠.

그런 착각을 방지하고 현재 경영 실태에 가깝게 기록하기 위해 감가상각이라는 개념이 태어난 것입니다.

부기와 회계의 차이:
부기는 회계의 기록 방법이다

☑ 회계가 '요리'라면 부기는 '준비 작업'

예전에 부기를 공부하려고 참고서를 산 적이 있어요. 그때 제대로 공부했더라면 회계 지식을 많이 익혔을 텐데 아쉽네요.

음…, 사실 그렇지 않아요. 부기와 회계는 완벽히 같은 개념이 아니거든요.

정말요?

요리에 비유하자면 부기는 칼 가는 법이나 준비 작업을 배우는 것과 같아요. 회계(요리)라는 목적을 달성하는 수단일 뿐이죠. 돈의 출납을 기록하는 규칙

은 엄밀히 정해져 있는데, '부기'는 기록하는 행위 자
체를 뜻해요.

부기는 규칙에 따라서 '분개'하고 정확히 '기록'하는
일입니다. 부기 지식도 여러모로 쓸모가 있지만, 경
영 감각을 익히고 싶다면 회계 지식을 폭넓게 알아
두는 편이 좋아요.

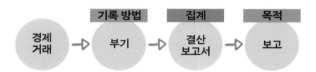

SECTION

9

POINT
핵심
포인트 !

재무와 파이낸스의 차이:
용어 혼동에 주의하자

☑ '재무'라고 해도 자금 조달에 관한 재무는 관리회계의 영역이다.
☑ 파이낸스 이론에는 '기업재무'와 '투자' 등 두 가지 영역이 있다.

또 헷갈리기 쉬운 회계 용어 중 하나가 '재무'입니다.

재무회계의 재무를 말하는 건가요?

그렇긴 한데요, 회계에서 '재무'라고 할 때는 '자금 조
달'이나 '자금 운용'이라는 의미가 더 강해요.
예를 들어 CFO라는 직책은 Chief Financial Officer
의 약자로 최고재무관리자라는 뜻이에요. 하지만 실
제로는 기업에 필요한 자금을 모으고 어떻게 투자할
지 결정하는 일을 합니다. 그만큼 아주 폭넓은 개념
이죠.

어? 재무인데 재무회계가 아니라고요?

 조금 혼란스러울 거예요. 재무회계는 결산보고서라는 최종 목표를 달성하기 위해 장부를 기록하는 일을 합니다. 실제로 CFO가 경리(재무회계)도 총괄하며, 최고회계책임자(CAO, Chief Accounting Officer)는 흔치 않은 편이에요.

 머리가 또 어질어질하네요.

 재무를 영어로 어떻게 표기하느냐도 골치 아픈 문제죠. CFO의 예에서 볼 수 있듯이 재무를 영어로 파이낸스라고 하는데, 파이낸스에는 '금융'이라는 의미도 있거든요. '핀테크(FinTech)'가 'finance(금융)'와 'technology(기술)'의 합성어인 것처럼요.

그럼 일본의 재무성과 금융청은 영어로 뭐라고 하나요?

 재무성은 'Ministry of Finance', 금융청은 'Financial Services Agency'입니다.

 뭐가 뭔지 헷갈려요. 통일하면 좋을 텐데….

 맞아요. 그래서 파이낸스라는 말은 주의해서 써야 합니다. '기업재무'와 '금융', 말하고 싶은 게 어느 쪽인지 의식해서 써야 해요.
어떤 기업이 자금 조달의 프로인 파이낸스 전문가를 찾고 있다고 생각해보세요. 그런데 만약 수학박사와 같은 금융공학 전문가가 온다면 곤란하지 않을까요?

 그 박사님도 깜짝 놀라서 "은행과 협상하라고요? 제가 잘하는 건 계산인데요"라고 말할 것 같아요.

 맞아요. 그래서 기업재무는 'corporate finance'라고 하는 편이 좋습니다.

헷갈리기 쉬운 '두 가지 파이낸스'

돈을
조달하자!

경제를
움직이자!

기업재무
(corporate finance)

금융
(finance)

그럼 이번 회계 수업에서는 파이낸스를 어떻게 다루
나요?

재무(corporate finance)를 기본으로 하되 금융, 특히 투
자(investment)에 관한 이론도 가볍게 다루려고 합니
다. 기업에서 재무를 담당하는 사람에게도 투자자로
서의 관점이 필요하기 때문이에요.

다른 회사의 주식을 사거나 하는 투자 말인가요?

딱히 금융 상품을 사지 않더라도 신규 사업 투자와
같이 '기업이 해야 할 투자'에 관한 의사결정도 필요
하거든요.
파이낸스 이론은 재무와 금융에 관한 기초적인 내용
만 추려 PART 5에서 소개하겠습니다.

‘재무’와 ‘파이낸스’를
구별해서 사용하자!

회계가 뭐지? 회계의 큰 틀을 파악하자!

SECTION 10

세무사와 공인회계사의 차이:
공인회계사는 대기업을 상대한다

POINT
**핵심
포인트** !

☑ 공인회계사의 주된 업무는 기업의 재무상태표를 확인하는 일이다.
☑ 세무사는 주로 기업이나 개인의 세금에 관한 일을 한다.
☑ 일본에는 전체 매출의 80%를 차지하는 4대 회계법인이 있다.

아주 기초적인 질문이라 쑥스러운데, 공인회계사와

세무사의 차이가 궁금해요.

공인회계사의 주된 업무 중에는 '감사(勘査)'가 있습니

다. '기업이 올바르게 재무제표를 만들고 있는가'를

확인하는 일이죠. 그래서 회계법인을 '감사법인'이라

고도 불러요.

일본에는 전체 매출의 80%를 차지하는 4대 회계법

인이 있습니다.

그러고 보니 지금까지 만난 공인회계사들은 다들 대형 회계법인에서 일한 경험이 있더라고요. 합격한 뒤에 바로 독립할 수는 없나요?

공인회계사로 등록하고 직무를 수행하려면 시험에 합격한 뒤 2년 이상의 실무실습을 거쳐야 합니다. 그래서 회계법인에 들어가 경험을 쌓는 거죠.

그렇군요! 그런데 왠지 공인회계사는 세무사보다 먼 존재 같아요.

아마 회계법인의 고객이 상장기업처럼 규모가 큰 기업이어서 그런 게 아닐까요?

큰 기업이 아니면 상대하지 않는다는 뜻인가요?

하하. 그런 뜻이 아니고요. 기업이 매출액 등의 규모에 따라 외부 감사 대상에서 제외되기도 하기 때문에 공인회계사는 자연스레 상장기업을 주로 상대하게 되는 거죠.

 혹시 관리회계 지식을 활용해서 경영 자문을 하는 공인회계사도 있나요?

 물론입니다. 하지만 애써 관리회계나 경영학을 공부해도 회계법인의 업무는 감사가 대부분이에요. 회계법인에도 컨설턴트가 있지만, 경영 컨설팅 회사에 입사하거나 회계 컨설턴트로 독립하는 공인회계사도 있습니다.
반면에 세무사의 고객은 중소기업은 물론 개인까지 다양합니다. 상속세 상담, 종합소득세 신고 대행, 중소기업의 세무회계를 맡는 등 누구에게나 가까운 존재죠.

 세무사는 돈 중에서도 '세금'이 전문이군요.

 맞습니다. 하지만 세금뿐만 아니라 재무(파이낸스)와

관리회계에 관해 조언해주기도 해요.

 살짝 궁금한데⋯, 어느 쪽이 더 좋은 자격증인가요?

 어느 쪽이 더 좋다기보다는 전문성의 차이입니다.
다만 공인회계사의 등록 요건을 갖추면 세무사로도
등록할 수 있어요.[2]

---

1 국내 대표적인 회계법인으로는 삼일PwC, 삼정KPMG, EY한영, 딜
로이트안진이 있다.

2 한국에서는 2012년 공인회계사에 대한 세무사 자격의 자동 부여가
폐지되고, 수습 기간 종료 후 세무대리인으로만 등록할 수 있도록 개
정되었다.

흩어진 회계기준을
IFRS로 통일하자!

☑ 재무제표를 만드는 규칙을 회계기준이라고 한다.
☑ 회계기준은 나라마다 차이가 있다.
☑ 일본의 회계기준은 J-GAAP, 미국의 회계기준은 US-GAAP
☑ EU에서 시작된 IFRS로 통일하자는 움직임이 전 세계적으로 퍼지고 있다.

 참, 'IFRS'라고 들어본 적 있나요?

 설마 새로 등장한 테러 조직…?

 아닙니다. International Financial Reporting Standards의 약자로 '국제회계기준'이라고 하죠. 재무제표 작성에 대한 전 세계 통합 규칙으로 EU(유럽연합)를 중심으로 구성된 국제회계기준위원회에서 공표한 것입니다.

 어? 재무회계에는 이미 공통 규칙이 있는 것 아니었나요?

복식부기의 규칙은 세계 어느 곳에서나 공통이에요. 하지만 외부에 보고하기 위한 재무제표의 작성 규칙인 '회계기준'은 나라마다 차이가 있습니다. 일본에는 일본판 GAAP(Generally Accepted Accounting Principles, 일반적으로 인정된 회계원칙), 즉 J-GAAP라고 불리는 회계기준이 있고, 미국에는 US-GAAP라는 기준이 있습니다.[1]

 차이가 많이 나나요?

 조금씩 달라요. 일본 국내의 기준은 통일되어 있으니 토요타와 혼다를 쉽게 비교할 수 있죠. 하지만 토요타와 미국 테슬라 또는 혼다와 독일의 다임러를 비교할 때는 번거로워집니다.

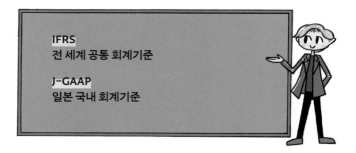

IFRS
전 세계 공통 회계기준

J-GAAP
일본 국내 회계기준

회계기준을 IFRS로 통일하자는 흐름이 최근 5년 새에 세계적인 규모로 일어나고 있어요.

 통일하면 물론 편리하겠지만 규칙을 바꾸는 게 쉽진 않을 텐데요.

 그렇습니다. 민법과 형법을 통일하는 것만큼 어려운 일이에요. 만약 "바뀐 세계 기준에 따라 내일부터 모든 직장인은 정장을 입어야 합니다"라고 하면 너무나 혼란스럽겠죠.

2009년에 일본 금융청이 상장기업의 IFRS 의무 적용을 시행하려고 했지만, 경제계가 크게 반발해서 현재는 임의로 적용하도록 하고 있어요.

하지만 소프트뱅크나 유니클로와 같이 국제적으로 사업을 전개하는 몇몇 대기업은 이미 IFRS로 이행했고, 토요타도 2021년 3월 결산부터 IFRS를 적용하기 시작했습니다. 미국도 처음엔 규칙을 통일하는 데 반발했지만, 조금씩 양보하는 추세예요.

 반발했다고요? 규칙이 바뀌면 곤란한 회사라도 있나요?

그렇습니다. 대표적인 예가 유형자산인 토지의 취급 방식이에요. 일본의 J-GAAP는 '산 시점의 가격(취득 원가)'대로 자산을 평가하지만, IFRS에서는 '시가평가'를 적용할 때도 있거든요.[2]

어차피 그게 그거 아닌가요?

수익성이 없는 토지라면 갑자기 0원이 될 수도 있어요. 그러면 그해 결산에서 큰 손실이 기록되겠죠. 만약 거품경제 당시의 토지 가격을 계속 기록해왔다면 현재의 가치와는 크게 다를 거예요. 하지만 기업 사장이라면 회계 숫자를 나쁘게 만들고 싶지 않을 테니까 그 가격을 계속 쓰기도 하죠.

어떤 마음인지는 알겠지만….

그런 여러 가지 사정을 고려하여 미국과 일본은 '컨버전스(convergence)'라는 전략을 선택했습니다. J-GAAP나 US-GAAP 자체를 점진적으로 IFRS에 맞추어가면서 순조롭게 IFRS로 이행하자는 전략이에요. 공인회계사로서 매년 조금씩 회계기준이 바뀐다는 사실은 악몽이나 다름없지만요.

 매년 기준이 바뀐다고요? 그것도 골치 아프겠네요.

 휴, 맞아요. 아무튼 전 세계의 상장기업이 같은 회계
기준을 적용하게 됨으로써 비교하기가 쉬워진다는
사실을 잊지 마세요.

 알겠습니다! "IFRS요? 세계적으로 회계기준이 통일
되는 추세라면서요?"라고 아는 척해보고 싶네요!

---

1 국내 기업은 한국채택국제회계기준(K-IFRS), 일반기업회계기준
(K-GAAP), 중소기업회계기준을 조건에 따라 선택 적용한다.

2 K-GAAP의 경우 유형자산에 대해서는 원가모형과 재평가모형을 선
택할 수 있으나, 투자부동산과 무형자산에 대해서는 원가모형만 허용
한다.

기업에는 다양한
회계 관련 부서가 있다

☑ 명칭이나 역할은 기업에 따라 다르다.
☑ 일반적으로 경리부가 재무회계, 경영기획실과 재무부가
    관리회계를 담당한다.

얼추 회계의 큰 틀이 보이는 것 같아요. 참, 그런데 기
업의 회계 업무를 담당하는 부서가 경리부 맞나요?

기업마다 다른데 일반적으로 '경리부'가 재무회계를
담당합니다. 영수증, 청구서, 발주서 등을 장부에 기
록하거나 계좌의 입출금을 관리하죠.

그야말로 사무 담당이군요.

맞아요. 관리회계를 담당하는 부서는 '경영기획실'입
니다. 경영진을 도와 경영 전략을 세우고 사내의 과
제를 찾아내기도 해요.

또 관리회계의 영역에 속하지만, 예산 조달과 남은 돈의 운용처를 결정하는 곳이 '재무부'입니다.

그렇다면 경리부는 기업 전체의 숫자 때문에 고민하지 않아도 되나요?

경리부 부장쯤 되면 전체 흐름을 알아야겠지만, 애초에 경리부의 주요 역할은 장부 작성이거든요.

가끔 주계부(主計部)라는 명칭을 쓰는 곳도 있던데….

맞아요. '주계'란 중세 일본에서 세금 징수를 맡았던 주계료(主計寮)에서 유래한 이름입니다. 지금도 재무성에는 주계관이라는 직책이 있어요.

기업의 주계부에서는 다양한 업무를 합니다. 경리부나 재무부의 별칭으로 쓰는 기업도 있고, 원가 계산만 하는 곳도 있고요.

그렇군요. 그럼 결산보고서는 어디서 만드나요?

그것도 기업마다 다릅니다. 경리부에 일임하는 기업

도 있고 경리부가 만든 재무제표를 바탕으로 재무부나 경영기획실에서 작성하기도 해요.

대기업 중에는 주주 또는 투자자와의 소통을 담당하는 'IR(Investor Relations)' 부서가 결산보고서의 문장을 다듬는 곳도 있습니다. 결산보고서에서 드러나는 기업의 매력은 주가와 연결되는 사항이므로 아주 중요한 작업이니까요.

○ '회계 = 경리부'가 아니라 기업마다 다르다.
○ 결산보고서 작성은 재무부, 경영기획실,
   IR 담당 부서가 맡기도 한다.

거센 반발 끝에 대장성이 재무성이 된 이유는?

앞서 재무와 파이낸스가 어떻게 다른지를 설명했는데, 그에 얽힌 일본 관청의 실제 사례를 소개하겠습니다.

대장성(大蔵省, Ministry of Finance)은 오랫동안 일본의 돈과 경제를 맡아왔습니다. 대장성은 나라 시대(奈良時代, 710~794)의 율령제에서부터 쓰인 이름으로 2001년 1월, 재무성과 금융청으로 명칭이 바뀌기까지 장장 1,300년에 걸쳐 사용된 이름입니다. 얼마나 긴 역사인지 실감 나시죠?

돈을 움직이는 관청인 대장성은 막강한 권력을 쥐고 있었습니다. 대장성과 소속 관료들은 '관청 중의 관청', '관료 중의 관료'라고 불릴 만큼 특별한 취급을 받았습니다. 그처럼 강력한 힘을 분산하고 재편하기 위해 대장성을 재무성과 금융청으로 나눈 것입니다.

유서 깊은 이름이 사라진다는 사실에 대장성의 많은 관료가 반발했다고 합니다. 이에 대해 하시모토 류타로 전 총리가 "그럼 경찰청이라고도 할 수 없으니 검비위사청이라도 부활시켜야 하느냐"라고 비꼬았다고 하죠.

경찰에 해당하는 옛 관직인 검비위사(檢非違使)에 비유했으니 얼마나 강렬한 한 방이었는지를 알 수 있죠. 대장성의 명칭 변경은 돈과 권력의 관계를 확실히 보여준 사례로 꼽혀요.

회계를 배우면
자유로운 사고가 가능해진다

이 책의 첫머리에서 회계를 공부하다 보면 '회계 사고'를 익힐 수 있다고 했습니다.

회계 사고는 우리에게 ① 장기적인 관점, ② 입체적 관점, ③ 객관적 관점이라는 세 가지 관점을 가져다줍니다.

대형 회계법인에서 공인회계사로 첫발을 내디딘 제가 비교적 이른 시기에 독립을 결심한 것도 회계 사고가 있었기 때문입니다. 회계 사고로 생각해보면 회사에 계속 남았을 때 앞으로 어떤 일을 하게 될지, 수입은 어느 정도가 될지 눈에 보입니다. 인생의 테마로 삼았던 자유를 손에 넣을 수 없으리라 판단한 저는 자신의 P/L과 B/S를 완전히 바꾸어야겠다고 생각했습니다.

그렇다면 어떻게 해야 할까? 결론은 '독립해서 회사를 차리는 것'이었습니다. 회계법인에서 타인(기업)의 숫자를 확인하는 일만 계속하다 보니 내 손으로 숫자(매출)를 만들고 싶어진 것입니다. 한 번뿐인 인생이니만큼 제 인생의 주도권을 직접 쥐고 싶었어요.

물론 회계 사고만 있다고 해서 가치가 저절로 창조되는 것은 아닙니다. 그렇지만 회계 사고를 통해 사물을 다양한 관점에서 보게 되면 인생의 선택지가 많아지고 결정의 정확도가 높아지죠.

여러분도 자신의 P/L과 B/S를 만들면서 장래를 다시 설계해보면 어떨까요?

PART

2

지식 0에서 시작해
결산보고서를 술술 읽어보자!

SECTION 1

P/L과 B/S는
플로와 스톡의 관계

POINT
핵심
포인트 !

☑ 재무회계 = 1년 동안 들어오고 나간 돈을 집계하는 것
☑ 재무제표의 기본은 P/L과 B/S. C/F는 비교적 최근에 도입되었다.
☑ P/L과 B/S는 플로와 스톡의 관계다.
☑ P/L과 B/S는 함께 볼 때 가치가 있다.

 회계가 무엇인지 대강 파악했으니 이번에는 회계의 중심인 '결산보고서'에 대해 알아보겠습니다.

 결산보고서요? 얼마 전에 주식이라도 시작해볼까 하고 책을 샀다가 포기했는데….

 쉽게 설명할 테니 안심하세요!
먼저 복습입니다. 재무제표는 '재무 3표'라고도 하며 '기업의 경영 성적이나 재정 상태 등을 가시화한 서류'이고, 특히 중요한 것이 P/L, B/S, C/F라고 설명했죠?

| PART 2   지식 0에서 시작해 결산보고서를 술술 읽어보자!

재무 3표란?

P/L 손익계산서(Profit and Loss Statement)
→ 기업의 경영 성적(이익)을 나타낸다.

B/S 재무상태표(Balance Sheet)
→ 기업의 재정 상태(재산)를 나타낸다.

C/F 현금흐름표(Statement of Cash Flows)
→ 기업의 현금 유입과 유출 상황을 나타낸다.
(※ 이 책에서는 이후 P/L, B/S, C/F로 표기)

 C/F는 2000년 이후에 등장한 재무제표입니다.[1] 그 전까지 재무제표는 기본적으로 P/L, B/S를 가리키는 말이었죠.

P/L과 B/S는 '플로와 스톡의 관계'라고 흔히 말합니다. 경제학 용어인데 욕조 물에 비유해서 설명해볼게요. 플로(P/L)는 1년 동안 수도꼭지에서 흘러나온 물(수익)과 배수구로 흘러나간 물(비용)의 양을 계측한 것입니다. 개인의 경우 P/L은 '1년간의 통장 입출금 명세'에 해당하죠.

 플로를 '흐르는 물'이라고 생각하면 되는군요.

 네, 그렇죠. 반면 스톡(B/S)은 '특정한 시점에 욕조에

쌓인 물의 양'을 계측한 것이라고 이해하면 됩니다.
일테면 '연말의 통장 잔액'과 같은 거죠.

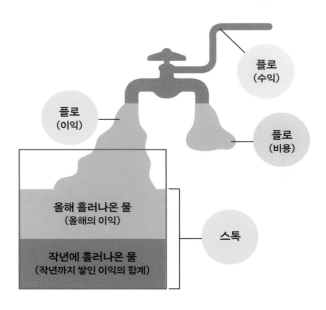

 어? 계측하는 시점이 각각 다르다는 뜻인가요?

 그렇게 말할 수도 있겠네요. 예를 들어 P/L이 1년이라는 기간에 돈이 얼마나 들어오고 나갔는지의 흐름을 기록한 것이라면, B/S는 결산일에 영업을 종료한시점의 수치를 기록한 것입니다.

지식 0에서 시작해 결산보고서를 술술 읽어보자!

그렇군요. 어느 쪽이 더 중요한가요?

 둘 다 중요합니다. '음식과 몸'에 비유하면 쉬워요. 음식이 플로라면 몸이 스톡이죠. 건강을 유지하려면 음식이 꼭 필요하잖아요. 그래서 보통 P/L과 B/S를 한 세트로 취급합니다.

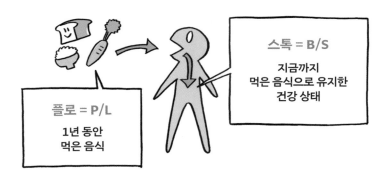

 그렇게 생각하니까 알기 쉽네요! 같은 기록인데도 전혀 다른 뜻이군요.

 지금부터 P/L, B/S, C/F, 이 세 가지 재무제표를 어떻게 읽는지 알려드리겠습니다. 모두 익히고 나면 결산보고서의 흐름이 눈에 들어올 거예요.

그럼 저도 결산보고서를 읽을 수 있겠군요! 주식투자를 할 때 큰 도움이 되겠어요.

---

1 한국에서는 1994년부터 현금흐름표의 공시가 의무화되었다.

지식 0에서 시작해 결산보고서를 술술 읽어보자!

재무회계의 기본①
기록의 흐름을 알아보자!

☑ 회계장부란 재무제표 작성의 근거가 되는 기록이다.
☑ 회계장부에는 주요장부와 보조장부가 있다.
☑ 주요장부의 분개장과 총계정원장이 가장 중요하다.
☑ 발생한 거래는 분개장에 기록한 다음 총계정원장에 옮겨 정리한다.

먼저 재무회계의 기초 지식을 알아보겠습니다. 재
무회계의 과정은 크게 '기록'과 '집계'로 나눌 수 있어
요. 평소에 돈의 움직임 등을 기록해두었다가 결산
할 때 한꺼번에 집계하는 거죠.

재무제표는 기록을 집계한 결과물이기 때문에 회계
기말에만 작성해요. 평소에는 재무제표와 별도로 회
계장부에 기록하는 작업만 합니다.

회계장부의 목적은 기록이군요.

그렇죠. 회계장부에는 다양한 종류가 있는데 크게 주
요장부와 보조장부로 나뉩니다.

메인과 서브라는 뜻인가요?

 네. 주요장부란 그 이름대로 메인 데이터베이스라
고 이해하면 됩니다. 모든 거래는 주요장부에 반드
시 기록해야 하죠. 주요장부 없이는 재무 3표를 만
들 수 없어요.
알기 쉽게 그림으로 살펴볼까요?

<회계장부>

자산	주요장부	총계정원장	
		분개장	
	보조장부	보조기입장	현금출납장
			당좌예금출납장
			매입장, 매출장
			받을어음기입장
			지급어음기입장
		보조원장	상품재고장
			매출처원장
			매입처원장

 아주 자세히 분류되는군요.

지식 0에서 시작해 결산보고서를 술술 읽어보자!

그렇죠? 보조장부는 주요장부에 기록한 거래 내용을 상세히 파악하는 것이 목적입니다. 거래처마다 돈이 얼마나 들어오고 나갔는지, 현재 현금이 얼마나 남아 있는지 등을 기록하죠.

보조장부가 있으면 결산 처리가 한결 편리한데, 더 자세히 설명해도 될까요?

 너무 어려운 이야기는 빼주세요!

 하하, 알겠습니다. 하지만 주요장부인 분개장과 총계정원장은 꼭 알아두어야 해요.

 아! 회계 프로그램에서 본 적이 있어요!

 거래가 발생하면 일단 발생 순서별로 분개장에 기록합니다. 이때 각 거래를 계정과목별로 나누어 기록하는데 마치 분류 작업과도 같죠.

 재활용 쓰레기 분류하는 것과 비슷한가요?

 조금 다르긴 하지만 '분류'라는 점은 같습니다. 매일

각 부서에서 보낸 다양한 쓰레기가 경리부에 모인다
고 상상해보세요. 경리부는 먼저, 모인 쓰레기를 하
나하나 살핍니다. 그런 다음 분개장에 'X월 X일 쓰
레기 A 수취. 무게: 2kg, 분류: 플라스틱'이라고 기록
하는 거죠.

총계정원장은 플라스틱으로 분류된 쓰레기가 얼마
나 쌓였는지 정리하는 장부입니다.

 어떤 관계인지 이해했어요. 출발점은 분개장이군요.

 맞아요! 총계정원장은 결산에 꼭 필요한 자료입니
다. 총계정원장에는 P/L과 B/S를 작성하는 데 근거
가 되는 자료가 정리되어 있어요. 그 근거를 바탕으
로 재무제표를 만드는 거죠.

결산보고서를 만드는 과정

1. **분개장에 기록**
2. **총계정원장에 옮겨 정리**
3. **시산표 작성**
4. **재무제표(결산보고서) 작성**
   (P/L, B/S 등)

지식 0에서 시작해 결산보고서를 술술 읽어보자!

실제로는 '시산표'를 만들어 확인 과정을 거친 다음 재무제표를 작성합니다. 자세한 내용은 PART 3에서 설명할 테니 지금은 대강의 흐름만 알아두세요.

 재무회계에서 장부를 어떻게 기록하는지 조금은 알 것 같아요!

재무회계의 기본②
다양한 형태의 결산보고서: 일본 기업의 예

☑ 계산서류는 회사법에 따라 작성하며 P/L과 B/S가 주요 서류다.
☑ 유가증권보고서, 사분기보고서는 금융상품거래법에 따른 법정공시 자료다.
☑ 결산단신은 증권거래소의 적시공시 규정에 따른다.

요즘 돈 좀 벌어볼까 하고 주식을 시작했어요. 기업의 결산보고서를 보면 재무제표가 아니라 '단신(短信)'이라고 쓰여 있던데, 이건 뭔가요?

혼란스럽죠? 단신도 일정 기간의 숫자를 집계한 서류입니다. 앞서 결산을 할 때 한꺼번에 집계한다고 했는데, 결산보고서는 어디에 제출하느냐에 따라 양식이 달라져요.

누구에게 보여주느냐에 따라 형태를 바꾸는군요!

맞습니다. 첫 번째는 회사법에 따라 작성하는 '계산

서류'입니다. 주식회사라면 규모와 상관없이 모두 작성하여 주주나 채권자에게 공개합니다.[1]

계산서류라니 아주 단순한 이름이네요.

내용도 복잡하지 않아요. 주요 서류는 당기 B/S와 P/L이고 C/F는 필요 없습니다.

그렇군요.

상장기업이 되면 조금 골치 아파요. 일본의 상장기업은 금융상품거래법에 따라서 계산서류와 별도로 기업 개요, 사업 현황 등을 포함한 재무제표를 만들어야 합니다. 그 연차보고서를 '유가증권보고서'라고 해요.

유가증권보고서? 처음 들어봐요.

유가증권보고서는 결산일로부터 3개월 이내에 작성해서 EDINET이라는 사이트에 올려 공개합니다. 유가증권보고서에는 P/L, B/S, C/F가 모두 필요하고

2기분을 제출해야 하죠.[2] 상장기업에만 해당하는 규칙이에요.

 상장기업은 신경 쓸 게 많군요. 그럼 단신은 뭔가요?

 정식 명칭은 '결산단신'입니다. 유가증권보고서의 속보판이죠. 실제로 결산이 발표되기까지 3개월이 걸리는데, 결산일로부터 1~2개월 사이에 미리 정보를 게시하도록 증권거래소가 상장기업에 요청하는 겁니다.

 기업들이 때 되면 알아서 하는 게 아니군요.

 네. 증권거래소의 적시공시 규정에 따릅니다.

 그런데 그다지 효율적인 방법 같지는 않은데요?

 맞습니다. 속보판이긴 하지만 실제 결산보고서가 나오는 시점과 1개월밖에 차이가 나지 않으니까요. 상장기업이라면 유가증권보고서를 작성하는 데 더 힘을 쏟을 테고요.

지식 0에서 시작해 결산보고서를 술술 읽어보자!

그럼 헛수고 아닌가요?

 언론이 앞다투어 결산단신을 다루면 주가가 급격히 움직입니다. 그래서 아예 손을 놓을 수는 없어요.

 저라도 단신을 보고 주식을 사고팔았다면 1개월 뒤에 나온 유가증권보고서는 보지 않을 것 같아요. 열심히 만든 회사 측에는 미안한 말이지만요.

 실제로 그런 투자자도 많아요.

 사람 마음은 비슷하군요.

 또 상장기업은 분기마다 재무제표를 공시해야 합니다. 이 보고서를 '사분기보고서'라고 해요.[3] 증권거래소의 요청에 따라 사분기보고서에 대한 결산단신도 제출해야 합니다.

 그럼 상장기업은 계산서류뿐만 아니라 유가증권보고서, 사분기보고서, 그리고 이 둘의 결산단신을 다 만들어야 한다는 건가요?

그렇습니다. 보고할 내용이 아주 많아요. 공인회계사는 각 보고서에 문제가 없는지 확인하는 게 일이라서 특히 봄에는 눈코 뜰 새 없이 바빠요. 게다가 매년 규정이 바뀌기도 하고요.

 설마 집계 작업이 또 있는 건 아니겠죠?

 있습니다. 마지막 작업은 계산서류를 바탕으로 법인세를 계산하는 일이에요.

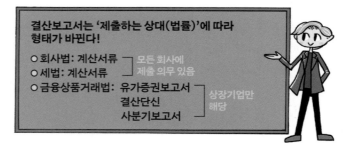

결산보고서는 '제출하는 상대(법률)'에 따라
형태가 바뀐다!

○ 회사법: 계산서류 ─┐ 모든 회사에
○ 세법: 계산서류 ─┘ 제출 의무 있음
○ 금융상품거래법: 유가증권보고서 ─┐ 상장기업만
　　　　　　　　　　결산단신 　　　해당
　　　　　　　　　　사분기보고서 ─┘

---

1 국내 주식회사는 상법에 따라 재무상태표, 손익계산서, 그 밖에 회사의 재무상태와 경영 성과를 나타내는 계산서류를 결산기마다 작성하여 이사가 주주총회의 승인을 받는다.

2 국내 상장기업 등은 재무제표를 포함한 사업보고서를 금융감독원의 전자공시시스템(DART)에 의무적으로 공시해야 한다. 매 사업연도 경과 후 90일 이내를 제출기한으로 하며 공시 대상 기간은 최근 3사업연도다.

3 국내 상장기업 등은 분기·반기보고서를 매 분기와 반기 종료 후 45일 이내에 금융감독원 등에 제출해야 한다.

지식 0에서 시작해 결산보고서를 술술 읽어보자!

SECTION 4

재무회계의 기본③
회계 성립의 대전제, 세 가지 회계공준

POINT
핵심
포인트!

☑ 대전제 1. 기업은 소유자로부터 독립한 별개의 존재다.
☑ 대전제 2. 기업의 경영 활동은 영원히 계속된다.
☑ 대전제 3. 화폐가치로 환산할 수 없는 정보는 재무제표에 넣을 수 없다.

 본격적으로 재무제표를 공부하기 전에 회계 성립의 대전제인 회계공준에 대해 알아보겠습니다.

 공준? 생소한 단어네요. 건강보조식품 이름 같아요.

 회계기준이 법률이라면 회계공준은 헌법입니다. 이유를 막론하고 받아들여야 하는 회계의 기본 가정이죠.

 부모님이 "안 된다면 안 돼!"라고 하시는 것과 비슷하네요.

하하, 정말 그렇네요. 회계공준에도 여러 가지가 있습니다. 그중에서도 특히 중요한 세 가지가 기업 실체의 공준, 계속기업의 공준, 화폐가치안정의 공준이에요.

또 어려운 말이 수두룩….

어렵지 않아요! 기업 실체의 공준이란, 기업은 소유자로부터 독립한 별개의 존재라는 가정입니다. 즉 기업은 창업주뿐 아니라 어떤 내부 구성원과도 별개인, 독립된 실체라는 뜻이에요. 그러니 회삿돈을 사업 이외의 목적으로 사용할 수 없는 거죠.

사업 자금을 카지노에서 흥청망청 쓰지 말라는 뜻이군요.

실제로 어떤 제지회사에서 그런 사례가 있기도 했죠. 상장기업은 물론 사장이 100% 지분을 보유하고 있는 기업도 마찬가지예요. 정 회사의 돈을 쓰고 싶다면 사장이 회사에서 돈을 빌렸다는 식으로 처리해야 합니다.

회삿돈이 쌈짓돈은 아니다, 이거네요.

 두 번째 계속기업의 공준은 기업의 경영 활동은 영원히 계속된다는 가정입니다. 따라서 일정한 기간별로 회계기간을 인위적으로 구분한 후, 그 기간에 해당하는 회계 정보를 산출해서 결산보고서를 만들죠. 계속기업을 고잉컨선(going concern)이라고도 해요. 몇 년간에 걸쳐서 비용을 처리하는 감가상각이 가능한 것도 이와 같은 약속이 있기 때문이죠.

 '영원히 계속된다'라니 마치 결혼식에서 하는 맹세 같아요.

 하하. 세 번째 화폐가치안정의 공준은 직원의 노력이나 청결한 공장 환경과 같이 화폐가치로 환산할 수 없는 정보는 재무제표에 넣을 수 없다는 가정입니다.

 눈에 보이지 않을 뿐이지 매출에 공헌하는 데도요?

 그렇긴 하지만 재무제표는 주관적인 기준이 아닌 객관적인 평가를 토대로 작성해야 하거든요. 그래야

기업과 기업을 정확히 비교할 수 있으니까요.

회계의 기본 가정! 세 가지 회계공준

1. **기업 실체의 공준:** 기업은 소유자로부터 독립한 별개의 존재이므로 회삿돈을 사업 이외의 목적으로 사용할 수 없다.

2. **계속기업의 공준:** 기업의 경영 활동은 영원히 계속되므로 일정한 기간별로 회계기간을 구분하여 결산보고서를 만든다.

3. **화폐가치안정의 공준:** 화폐가치로 환산할 수 없는 정보는 재무제표에 넣을 수 없다.

지식 0에서 시작해 결산보고서를 술술 읽어보자!

P/L 손익계산서①
다섯 가지 이익을 알아보자!

☑ 이익에는 다섯 가지 종류가 있다.
☑ 본업의 이익을 나타내는 것이 영업이익이다.
☑ 회사가 흑자인지 적자인지는 세금을 빼고 난 당기순이익으로
판단한다.

 이제 재무 3표를 하나씩 살펴보겠습니다.

먼저 P/L(손익계산서)부터 설명할게요. P/L은 기업의 1
년 성적표입니다. 얼마나 이익 또는 손실을 봤는지
한눈에 알 수 있어요.

 단순하네요. 숫자라면 질색인 저도 금세 이해했어요.

 가계부와 비슷하다고 보면 돼요. 올해의 매출액이
총 얼마인지, 매출액에서 비용을 빼면 얼마가 남는
지를 알아보는 거죠. 그럼 P/L을 이해하는 데 꼭 필
요한 다섯 가지 이익을 설명하겠습니다.

다섯 가지 이익이란?

① 매출총이익(마진)	매출액-매출원가
② 영업이익	매출총이익(①)
	-판매비와 일반관리비(판관비)
③ 경상이익[1]	영업이익(②)±영업외수익·비용
④ 법인세비용차감전순이익	경상이익(③)±특별이익·손실[2]
⑤ 당기순이익	법인세비용차감전순이익(④)
	-법인세 등

 기업이 1년 동안 기록한 매출액에서 여러 가지 비용을 빼고 나면 이익이 남습니다. P/L도 이 순서대로 작성되죠. 알기 쉽게 전체 흐름을 살펴볼까요?

'다섯 가지 이익'의 전체 흐름

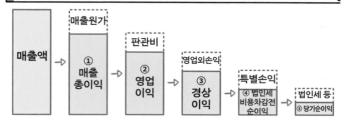

 무슨 이익이 이렇게나 복잡해요?

지식 0에서 시작해 결산보고서를 술술 읽어보자!

외우는 법은 차차 알아보기로 하고, 다섯 가지 이익을 먼저 살펴볼게요.

'마진'이라는 이름으로도 잘 알려진 ① 매출총이익은 매출액에서 매출원가를 뺀 것입니다. 만약 800원에 바나나를 사서(매출원가 800원) 1,000원에 팔았다면 마진은 200원이겠죠?

 매출원가가 뭔가요?

 매출을 올리는 데 들어가는 직접적인 비용이라고 이해하면 됩니다. 마트에서 바나나 1개를 판매하려면 바나나 1개를 반드시 사들여야 하니까요.

하지만 그 밖에도 종업원의 급여, 점포 임차료, 광고 선전비 등이 필요한데, 이런 비용은 각각의 거래뿐만 아니라 기업의 모든 활동에 들어가죠.

그런 간접적인 비용을 '판매비와 일반관리비(판관비)' 또는 'SGA(Selling, Generally and Administrative expenses)'라고 합니다. 다음과 같은 비용이 대표적이에요.

 매출총이익에서 판관비를 뺀 값을 ② 영업이익이라고 합니다.

대표적인 '판매비와 일반관리비'		
비용	판매비와 일반관리비	급여, 임원급여, 상여금, 퇴직급여, 법정복리비, 복리후생비, 통신비, 운반비, 수도광열비, 여비교통비, 광고선전비, 접대비, 회의비, 소모품비, 사무용품비, 비품, 도서인쇄비, 수선비, 임차료, 차량유지비, 보험료, 조세공과, 회의비, 지급수수료, 감가상각비, 기부금, 잡비

매출총이익에서
판관비를 뺀 값이 영업이익!

쉽게 설명하면 '영업이익은 주된 영업활동을 통한 이익'을 뜻해요. 매출총이익이 높아도 비싼 광고를 하거나 종업원을 많이 고용하면 그만큼 이익이 적어지겠죠.

매출액에서 매출원가와 판관비를 제한 영업이익을 보면 기업이 자신의 본업에서 이익을 내고 있는지 어떤지를 확인할 수 있어요. 영업이익이 적자인 경우를 '영업손실'이라고 합니다.

 점점 자세한 내용으로 들어가니 잘 들어주세요. ③ 경상이익은 ② 영업이익에서 영업외수익을 더하고 영업외비용을 뺀 것입니다. 영업외수익과 영업외비용을 영업외손익이라고 해요.

 또 어려운 용어가 잔뜩 나왔네요.

 요컨대 '기업의 주된 사업이 아닌 곳에서 얻거나 지불한 돈'을 뜻해요.
예를 들어 보유 중인 주식을 매도해서 발생한 이익은 영업외수익이고, 은행 차입금에 대한 이자는 영업외비용입니다. 주로 본업과 직접적인 연관성이 없는 투자나 금융 관련 항목이죠.

 듣고 보니 의외로 쉽네요. 본업으로 창출한 이익에서 본업 이외의 수지를 더하거나 뺀 것!

 맞습니다. 그래서 경상이익

P/L
(손익계산서)

매출액 매출원가
1 매출총이익
SGA(판관비)
2 영업이익
영업외수익 영업외비용
3 경상이익
특별이익 특별손실
4 법인세비용 차감전순이익
법인세 등
5 당기순이익

은 기업의 업적 실태를 파악하는 데 중요한 항목이에요.

경상이익! 꼭 확인할게요.

그리고 ④ 법인세비용차감전순이익은 경상이익에서 특별이익을 더하고 특별손실을 뺀 것입니다. 둘을 합쳐 특별손익이라고 하죠.
'차감전'이라는 이름이 붙었듯이 법인세비용차감전순이익에는 세금, 즉 법인세가 포함되어 있습니다.

특별이익, 특별손실? 어디가 특별한가요?

매년 일어나지 않는다는 뜻이에요. 임시로 거액이 움직인 경우죠. 알기 쉬운 예가 천재지변입니다. 지진이나 전염병처럼 예측할 수 없는 사태로 인한 손실이 특별손실이죠. 자사 빌딩을 매각해 일시적으로 발생한 처분이익은 특별이익이에요. 유형자산을 매년 사고팔지는 않으니까요.

자주 일어나지 않기 때문에 특별하다는 거군요!

지식 0에서 시작해 결산보고서를 술술 읽어보자!

네. 그 밖에 장기 보유를 전제로 가지고 있던 주식의 가치가 크게 하락하면 특별손실로 계상하기도 해요. 애초에 매매할 목적의 주식이었다면 영업외비용으로 처리하겠지만, 자사가 대주주였던 기업이 도산했다면 특별손실이에요.

예측불허한 상황과 관련된 돈이군요!

그렇습니다. 마지막 ⑤ 당기순이익은 간단해요. 세금(법인세 등)을 낸 다음 최종적으로 남은 이익을 말합니다.

결산 보도 등에서 당기이익 또는 순이익이라는 단어를 쓰기도 하는데, '법인세비용차감전'이라는 말이 없을 때는 ⑤ 당기순이익이라고 생각하면 됩니다. 순이익의 숫자가 마이너스라면 이번 회계기간의 경영 성적이 적자였다는 뜻입니다. 이런 경우를 '순손실'이라고 해요.

---

1 국내의 손익계산서에서는 경상이익을 따로 구분해 표기하지 않는다.

2 국내에서 특별이익과 특별손실은 각각 영업외수익과 영업외비용에 포함된다.

휴!
머리 좀 식히자.

지식 0에서 시작해 결산보고서를 술술 읽어보자!

SECTION 6

P/L 손익계산서②
비즈니스의 우선순위에 주목하라!

POINT
핵심 포인트 **!**

☑ P/L은 기업 존속에 중요한 순서대로 나열되어 있다.
☑ 고객이 첫 번째이고, 세금은 마지막이다.

 앞서 다섯 가지 이익을 공부했는데 P/L을 읽는 방법에도 요령이 있어요. 위에서부터 차례로 읽어 내려가는 거죠. 찬찬히 살펴보면 기업 운영에 중요한 순서대로 나열되어 있다는 사실을 알 수 있어요.

 우선순위가 있다는 뜻인가요?

 맞아요. 첫 번째가 '매출액'입니다. 어떤 사업이든 기업이 유지되려면 매출이 있어야 하는데, 그 매출을 만들어주는 게 고객이죠.

 정말 그렇네요.

다음으로 우선해야 할 사항은 매출을 올리기 위한 상품 준비입니다. 매출을 올리려면 매입처에서 상품이나 재료를 먼저 들여와야 하죠. 그래서 기업 존속에 두 번째로 중요한 요소가 '매입처'입니다.

세 번째로 중요한 요소는 영업활동에 필요한 '자사의 경비'입니다. 급여, 임차료, 광고선전비와 같은 판관비를 뜻해요.

 자사의 경비보다 매입처의 우선순위가 더 높다니 재미있네요.

 바로 그 점에서 '사업의 본질'을 알 수 있습니다. 적자인 청과물 가게를 떠올려보세요. 아무리 적자라고 해도 팔 물건이 없으면 가게를 열 수 없으니, 반드시 농가에서 물건을 매입해야 하죠.

| P/L의 순서 |
| 고객 (매출액) |
| 매입처 자사의 경비 |
| 본업 이외의 수지 |
| 임시로 발생한 이익·손실 |
| 나라 (세금) |

어서 오세요!

중요하죠.

네, 낼게요….

지식 0에서 시작해 결산보고서를 술술 읽어보자!

적자인 상황에서 사업을 이어나가려면 어떻게 해야 할까요? 종업원을 해고하고 사장 혼자서 일을 도맡거나 점포를 빼서 트럭으로 이동판매를 해도 좋겠죠. 하지만 팔 물건을 없앤다면 사업 자체가 안 되죠.

사업의 존속에 주목하면 '자사보다 매입처'가 더 중요하다는 사실을 알 수 있어요.

그렇군요. 그렇게 생각해본 적은 없었는데….

재미있죠? 다음 순서는 간단합니다. 네 번째는 '영업 외수익·비용'이니까 '본업 이외의 수지'예요. 다섯 번째는 '특별이익·손실'이니까 '본업과 직접 관계가 없는 임시로 발생한 이익이나 손실'입니다. 그리고 가장 마지막이 '세금'이에요. 세금은 돈을 벌기 위해 나라를 사용한 대가인 셈이죠.

이제 알겠어요. 고객이 첫 번째! 세금은 마지막!

'기업의 존속'이라는 관점에서 생각해보면 어렵지 않죠?

SECTION

7

P/L 손익계산서③
업종마다 천차만별인
매출총이익률

POINT
핵심
포인트 !

☑ 매출액이란 매출원가와 매출총이익을 더한 것
☑ 평균 매출총이익률은 업종에 따라 다르다.

앞서 매출총이익(마진)에 대해 배웠는데 작가는 매출원가가 거의 들지 않거든요. 좋은 건가요?

글쎄요. 매출액에 대한 매출총이익의 비율을 '매출총이익률(마진율)'이라고 하는데 매출총이익률만 가지고 좋거나 나쁘다고 단정할 순 없어요.

기본적으로 서비스업은 매입하는 물건이 없어서 매출총이익률이 높은 편이에요. 매출총이익률을 거꾸로 뒤집은 것이 매출원가율인데 둘을 더하면 항상 100%가 됩니다. '매출총이익률이 높다 = 매출원가율이 낮다'라는 관계가 성립되죠.

| PART 2   지식 0에서 시작해 결산보고서를 술술 읽어보자!

매출총이익률과 매출원가율의 관계

매출총이익률+매출원가율 = 100%

달리 말하자면

매출총이익률 = 100%-매출원가율
매출원가율 = 100%-매출총이익률

 매출총이익률은 업종별로 큰 차이가 있나요?

 네. 미용실이나 호텔 같은 서비스업의 매출총이익률은 80~90%, 음식점은 70% 정도입니다. 흔히들 '음식점의 원가율은 30%'라고 하죠? 그래서 매출총이익률이 70%가 되는 거예요.

제조업이나 건축업은 50%, 소매업은 30% 정도이고 매출총이익률이 가장 낮은 업종이 15%인 도매업입니다. 정리하면 다음과 같아요.

① 도매업	② 소매업	③ 제조업	④ 음식업	⑤ 서비스업

① 도매업: 매출액 / 변동비 / 마진율 15% / 마진

② 소매업: 매출액 / 변동비 / 마진율 30% / 마진

③ 제조업: 매출액 / 변동비 / 마진율 50% / 마진

④ 음식업: 매출액 / 변동비 / 마진율 70% / 마진

⑤ 서비스업: 매출액 / 변동비 / 마진율 80% / 마진

15%요? 굉장히 낮네요.

직접 상품을 만들거나 서비스를 제공하는 것이 아니
라 상품을 다음 단계로 넘기는 비즈니스니까요.
상품의 가치는 물건의 가치와 부가가치로 나뉘는데,
도매업은 물건의 가치가 메인이기 때문에 부가가치
가 발생할 틈이 거의 없죠.

그럼 꼭 '매출총이익률이 높다 = 좋은 회사다', '원가
율이 낮다 = 좋은 비즈니스다'라는 뜻은 아니란 거군
요?

그렇죠. 동종 업계와 비교하거나 자사의 이익률을 늘
리고자 할 때는 매출원가율을 점검해야 해요. 매출총

> **더 알아보자!**
>
> ### 매출원가에 인건비도 포함될까?
>
> 비즈니스 형태에 따라 다릅니다. 정보 시스템을 파는
> 기업이 고객사에 시스템 엔지니어(SE)나 프로그래머
> 를 파견했다면 SE나 프로그래머의 인건비는 매출원가
> 입니다. 하지만 영업사원이나 본사 경리의 인건비는
> 판관비로 취급하죠. 인건비의 매출원가 포함 여부는
> 매출과 직접적인 관련이 있느냐 없느냐로 판단합니다.

지식 0에서 시작해 결산보고서를 술술 읽어보자!

이익률은 꼭 알아야 할 개념이지만 P/L에서 가장 먼저 확인할 항목은 아닙니다. 판매비와 일반관리비까지 모두 고려한 영업이익을 보는 것이 더 중요하죠.

자격증을 따면 정말 유리할까?

　사회 정세가 불안정한 탓인지 자격증을 준비하는 사람이 늘고 있습니다. 저도 유튜브를 통해 "공인회계사만 따면 먹고살 수 있나요?", "어떤 자격증이 유리한가요?"라는 질문을 종종 받곤 합니다.

　저는 '각자의 상황에 따라 도움이 되는 자격증과 전혀 의미 없는 자격증이 있다'라고 대답합니다. 자격증이라고 해도 국가 자격증부터 민간 자격증까지 난이도는 물론 취업 활용도가 천차만별이기 때문입니다. 일단 따두자는 식으로 각종 자격증을 섭렵하는 사람도 있지만, 실제로 돈을 버는 데 도움이 될지는 미지수입니다.

　한때 외국계 기업에 대한 선망 때문이었는지 토익(TOEIC) 열풍이 불었습니다. 토익은 비즈니스 영어 레벨을 측정하는 시험이니 직장에서 좋은 평가를 받거나 해외 주재원으로 가는 게 목표라면 준비해도 좋겠지요. 하지만 어느 회사에서나 꼭 필요한 시험인가를 묻는다면 의문이 듭니다. 토익 점수가 실제 비즈니스 현장에서 쓰이는 영어 실력과 꼭 비례하지도 않고요. 그러니 토익 공부는 자신이 어떤 회사에 가고 싶으냐에 따라 결정하면 되지 않을까요?

그에 비해 공인회계사를 비롯한 세무사, 회계 자격증 등은 회계·경영·경제·세금, 즉 '돈'과 관련이 있습니다. 경제 사회가 계속되는 한 쓸모 있는 지식이고, 경영은 물론 돈 버는 구조까지 배울 수 있으니 따두어서 손해 볼 일은 없죠.

B/S 재무상태표①
기업의 체질이 보이는 밸런스 시트

☑ 기업의 보유 자산과 자산의 조달처를 알 수 있다.
☑ 왼쪽이 자산, 오른쪽이 부채와 자본
☑ 좌우는 반드시 균형을 이룬다.

이번에는 B/S(재무상태표)에 대해 알아볼게요. 기업이 매일 다양한 활동을 하는 과정에서 돈의 흐름이 발생합니다. B/S는 기업의 활동을 일시 정지한 시점에서 재정 상태를 한눈에 파악할 수 있도록 정리한 서류예요. '대차대조표'라고도 불리죠.

재정 상태란 '기업이 보유한 자산의 총액과 명세'를 뜻합니다. 이 내용은 B/S의 왼쪽인 '자산' 항목에 기록해요.

자산의 종류를 계정과목으로 나타내는데 현금, 상품, 건물 등으로 다양합니다.

왼쪽이라고 하셨으니 오른쪽도 있다는 얘기겠네요?

지식 0에서 시작해 결산보고서를 술술 읽어보자!

맞습니다. B/S의 오른쪽에는 '다양한 자산으로 형태를 바꾼 돈을 어디서 조달했는가?'라는 정보가 기록됩니다. 은행에서 빌린 차입금, 주주들에게 받은 투자금, 자사에서 벌어들인 이익잉여금 따위가 포함되죠. 은행 등에 상환해야 하는 것은 '부채' 항목에, 주주들의 투자금과 같이 상환 의무가 없는 것은 '자본' 항목에 나눠서 적습니다. 자본이란 남에게 빌린 부채를 빼고 남은 것으로, 회사의 순수한 재산을 뜻하므로 '순자산'이라고도 해요.

 의외로 단순하네요.

 B/S를 이해하는 데 가장 중요한 것은 B/S의 왼쪽 합계와 오른쪽의 합계가 항상 같은 금액이 된다는 점입니다. 자산의 합계가 100억 원이라면 부채와 자본을 더한 금액도 반드시 100억 원이 되죠. 항상 좌우가 균형을 이루기 때문에 '밸런스 시트'라고 부릅니다.

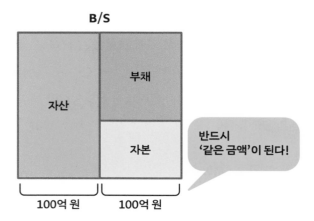

B/S

	부채
자산	
	자본
100억 원	100억 원

반드시
'같은 금액'이 된다!

 그래도 작은 오차 정도는 괜찮지 않나요?

 아니요, 1원이라도 오차가 있으면 B/S가 아닙니다!
회계에서는 조금의 오차도 허용되지 않아요.

 그, 그렇군요…. 그런데 B/S는 왜 만드는 건가요? 가게를 하는 지인이 결산 때마다 재고조사가 너무 힘들다고 투덜대던데 자산의 재고조사가 필요해서인가요?

 그것도 이유 중 하나입니다. 재고량을 정확히 알아야 재정 상태를 제대로 파악할 수 있으니까요.

지식 0에서 시작해 결산보고서를 술술 읽어보자!

더 넓게 생각하면 B/S는 '건강 진단'과도 같습니다. 기업의 다양한 숫자가 가시화됨으로써 기업의 체질이 눈에 보이게 되죠.

체질이라고요?

그렇습니다. 복부비만이나 고혈압처럼 대출금 체질 또는 적자 체질, 유형자산 과다와 같은 기업의 생활 습관이 '숫자'로 드러나거든요.
불룩 튀어나온 배에서 생활 습관이 드러나듯이, 언론 앞에서 아무리 당당히 실적을 발표해도 기업의 체질은 감출 수 없어요. 기업의 건강 상태가 어떤지 한눈에 보이거든요.

저도 당뇨병을 앓고 있어서 매달 병원에서 검사를 받고 있어요. 그때마다 지난 한 달간의 혈당치 평균이 나오거든요. 아무리 시치미 떼고 있어도 그달에 단것을 많이 먹었는지 아닌지 의사 선생님께 바로 들켜요. 저하고도 비슷하네요.

 듣고 보니 정말 비슷한데요?

B/S에는 과거 1년 치뿐만 아니라 창업했을 때부터의 숫자가 계속 쌓입니다. 그래서 규모가 큰 기업일수록 경영자가 1년 동안 아무리 노력해도 B/S를 극적으로 개선하기는 힘들어요.

 정말 건강 진단이나 다름없네요. 지금까지 어떻게 생활했는지 다 드러나는군요.

 B/S에는 그 기업의 사풍과 본질이 나타납니다. 그래서 P/L보다 B/S를 중시하는 은행이나 투자자도 있어요.

SECTION 9

B/S 재무상태표②
좌우가 균형을 이루는 이유

☑ 자산-부채 = 자본, 자산 = 부채+자본
☑ 자본의 이익잉여금이 조정 역할을 한다.

 그런데 왜 B/S는 항상 좌우의 금액이 같아지는 거죠?

 반드시 균형을 이루도록 설계되어 있기 때문이에요.
B/S의 오른쪽 자본 항목의 '이익잉여금'에 비밀이 숨
어 있습니다.

 이익잉여금이요?

 네, 말 그대로 '남은 이익'이라는 뜻인데 P/L의 <mark>최종
이익인 당기순이익(적자라면 순손실)을 B/S로 가져와 전
년도까지 쌓인 이익잉여금에 합산한 숫자입니다.</mark>
바로 이 이익잉여금이 P/L과 B/S가 이어지는 접점

이에요.

첫해의 순이익이 100억 원이라면 그해 B/S의 이익 잉여금은 100억 원입니다. 2년째의 순이익이 200억 원이라면 그해의 이익잉여금은 '100+200'으로 300억 원, 3년째에 50억 원의 적자(순손실)가 났다면 이익 잉여금은 '300-50'으로 250억 원이 됩니다.

 정말 그걸로 좌우의 균형이 맞는다고요…?

 그럼 다양한 예를 들어 살펴볼까요?

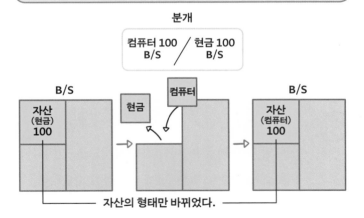

1 컴퓨터 구입 → 자산(유형자산)이 늘고 자산(현금)이 줄어든다.
자본(이익잉여금)은 변함없다.

분개

컴퓨터 100 / 현금 100
B/S   B/S

B/S

자산
(현금)
100

현금   컴퓨터

B/S

자산
(컴퓨터)
100

── 자산의 형태만 바뀌었다. ──

2 서비스 판매 → 자산(현금)이 늘고 자본(이익잉여금)도 늘어난다.

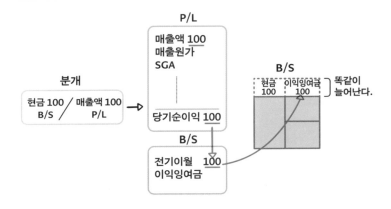

3 전기 요금 납부 → 자산(현금)이 줄고 자본(이익잉여금)도 줄어든다.

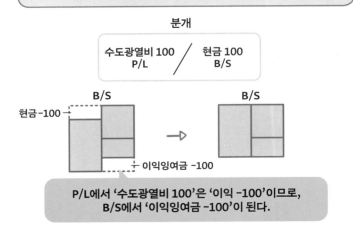

P/L에서 '수도광열비 100'은 '이익 -100'이므로,
B/S에서 '이익잉여금 -100'이 된다.

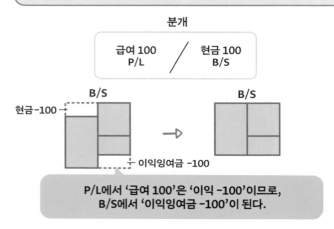

④ 사원에게 급여를 지급했다→자산(현금)이 줄고 자본(이익잉여금)도 줄어든다.

분개

| 급여 100
P/L | 현금 100
B/S |

B/S

현금 –100 →

→ 이익잉여금 –100

P/L에서 '급여 100'은 '이익 –100'이므로,
B/S에서 '이익잉여금 –100'이 된다.

 이익잉여금이 여기저기 안 끼어드는 곳이 없네요?

 하하, 어떤가요? 이익잉여금이 좋은 완충재라는 걸 아시겠죠?

 정말 균형이 딱 맞는다는 걸 알겠어요.

 더 간단하게 설명하자면 '자본은 자산에서 부채를 뺀 것'입니다.

지식 0에서 시작해 결산보고서를 술술 읽어보자!

B/S
(재무상태표)

자산 / 부채 / 자본

자산-부채 = 자본
즉,
자산 = 부채+자본

 이쪽이 훨씬 더 알기 쉽네요.

 왜 좌우가 균형을 이루는지는 PART 3 부기의 기본에서 자세히 설명하겠습니다.

!

B/S의 균형을 맞추는
이익잉여금!

10

B/S 재무상태표③
자산의 종류를 알아보자!

☑ 자산은 유동자산, 비유동자산, 이연자산[1]으로 나누어진다.
☑ 비유동자산은 현금화보다 1년 이상의 장기 보유가 목적인 자산
☑ 유동자산은 1년 이내에 현금화할 수 있는 자산

이제 B/S가 어떻게 구성되어 있는지 살펴보겠습니다. 먼저 왼쪽의 자산 항목부터 알아볼까요? 자산은 크게 ① 유동자산, ② 비유동자산, ③ 이연자산으로 분류할 수 있어요.

B/S

자산	부채
① 유동자산 ② 비유동자산 　유형자산 　무형자산 　투자자산 등 ③ 이연자산	유동부채 비유동부채
	자본 주주자본 평가·환산차익 등 신주인수권 등

여기!

이연자산은 조금 복잡하니까 이번에는 생략하겠습니다. 중요한 것은 유동자산과 비유동자산이에요. '단기간에 현금화되는 유동적인 자산이냐, 장기 보유하는 고정적인 자산이냐'라는 차이가 있어요.

더 확실한 구분 방법은 없나요?

기본적으로 정해진 계정과목에 따라 나누면 됩니다. 딱히 정해진 기준이 없는 자산은 '1년 기준(one year rule)'이라는 규칙에 따라서 1년 이내에 현금으로 전환되느냐 아니냐로 판단합니다. 1년 이내에 현금화된다면 유동자산, 1년 이상 장기 보유한다면 비유동자산이에요.

동산과 부동산 같은 거군요.

그렇게 볼 수 있죠. 대표적인 유동자산으로는 현금, 외상매출금, 상품, 원재료 등이 있습니다.

외상매출금이 뭐였죠?

아직 회수하지 못한 미수 대금입니다. '매출채권'이라고도 해요.

예전에는 손님이 술집에서 외상을 다는 경우도 종종 있었다고 하죠. 이때 술집 주인이 손님에게 돈을 받을 권리가 외상매출금이고, 반대가 오른쪽 부채 항목에 있는 '외상매입금'입니다. 술집 주인이 주류 가게나 정육점에서 물건을 외상으로 가져왔다면 그게 외상매입금이 되겠죠.

실제 돈의 움직임과는 상관없이 장부에 기록하는군요.

그렇습니다. 그 점이 발생주의를 따르는 현대회계의 특징이에요.

비유동자산을 유형자산, 무형자산, 투자자산 등으로 나누기도 하는데 대표적인 예로 토지, 건물, 기계장치, 차량운반구, 영업권, 컴퓨터 소프트웨어가 있습니다. 영업권이 무엇인지는 나중에 자세히 설명할게요.

자산에도 여러 가지가 있군요. 우리 집에는 어떤 자산이 있으려나….

언뜻 다양해 보이지만 자산은 현금, 물건, 권리 등 세 가지로 나눌 수 있습니다.

---

1 이연자산은 한국의 재무상태표에서 따로 구분하지 않으며 대체로 무형자산에 속한다.

B/S 재무상태표④
부채와 자본의 종류를 알아보자!

☑ B/S의 오른쪽은 돈을 어디에서 조달했는지를 나타낸다.
☑ 크게 빌린 돈(부채)과 회사 자신의 돈(자본)으로 나눌 수 있다.

 이번에는 B/S의 오른쪽, 돈의 조달처에 대해 알아보 겠습니다.

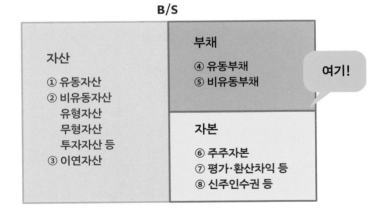

B/S

자산	부채
① 유동자산 ② 비유동자산 유형자산 무형자산 투자자산 등 ③ 이연자산	④ 유동부채 ⑤ 비유동부채 여기!
	자본 ⑥ 주주자본 ⑦ 평가·환산차익 등 ⑧ 신주인수권 등

지식 0에서 시작해 결산보고서를 술술 읽어보자!

남에게 빌린 돈인 '부채'는 자산과 똑같이 ④ 유동부채, ⑤ 비유동부채로 나누어집니다. 마찬가지로 1년 기준을 적용해서 상환 기간이 1년 이내인 채무를 유동부채, 상환 기간이 1년 이상인 채무를 비유동부채라고 해요.

 외상매입금도 유동부채인가요?

 그렇습니다. 그 밖에 1년 이내에 상환하는 단기차입금이나 가까운 시일 내에 납부해야 하는 세금도 유동부채입니다. 비유동부채는 대부분 은행에서 빌린 장기차입금이에요.
유동부채든 비유동부채든 언젠가는 갚아야 할 돈이기 때문에 '타인자본' 또는 'debt'라고 합니다. 저는 강의할 때 앞 글자를 따서 D라고 적곤 하죠.

 저도 써먹어야겠어요. "요즘 D 때문에 아주 골치가 아파!"라고요.

 하하, 쓸모 한 가지를 찾으셨네요.
다음으로 자본 또는 순자산은 자산에서 부채를 뺀

차액이었죠. 상환 의무가 없는 돈이기 때문에 '자기
자본'이라고도 불러요.
자기자본의 중심 요소가 ⑥ 주주자본인데, 주주자본
은 주로 자본금, 자본잉여금, 이익잉여금으로 구성
됩니다.

 잉여금의 종류도 정말 많네요. 참, 자본금은 "우리
회사 자본금은 10억 원입니다"라고 소개할 때 그거
맞죠?

 맞습니다. 자본금은 회사를 설립할 때 준비하는 돈
으로, 창업 직후에 회사를 꾸려나가는 데 쓰이죠. 사
업이 안정되어 수익이 발생하면 이익 일부를 이익잉
여금으로 쌓아둡니다.

 자본금은 한마디로 '밑천'을 말하는 거군요.

 어떤 구조인지 감이 잡히셨죠? 자본에는 주주자본
이외에도 세세한 항목이 있는데, 지금은 '자본(자기자
본) = 주주자본+α(여러 가지)'라고만 알아두어도 충분합
니다.

B/S 재무상태표⑤
주주와 투자자는
기업과 운명 공동체

☑ 주주나 투자자로부터 모은 돈은 자본에 포함된다.
☑ 기업은 투자금에 대해 상환 의무를 지지 않는다.

SECTION

12

POINT
핵심
포인트 !

아까 소개한 주주자본에 대해 자세히 알아볼게요.
투자자가 자사 주식을 매수함으로써 들어온 투자금
은 '자본금'에 계상됩니다.

오른쪽 자본 항목 말씀이죠?

맞습니다. 그래서 스타트업 기업이 거액의 투자를
받거나 상장했을 때 주주자본이 한꺼번에 증가하는
거예요.

B/S는 좌우가 균형을 이루니까…, 전체 규모가 커지
겠네요?

잘 이해하셨어요! B/S의 오른쪽 주주자본이 증가하면 왼쪽 현금도 똑같이 증가합니다.

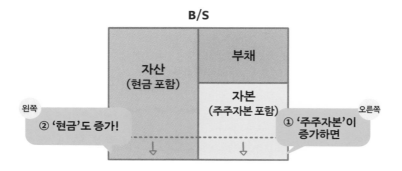

현금이 늘어나면 대규모 설비, 화려한 광고, 대량의 인재 채용 등이 가능해지므로 빠르게 성장할 수 있어요.

사업 아이디어밖에 없는 설립 초기에는 수천만 원 정도의 규모지만, 서비스가 발전하고 실적이 올라갈수록 수억 원, 수십억 원, 수백억 원… 식으로 자릿수가 늘어나죠. 그리고 상장하면 수천억 원 규모로 확대되는 거예요.

 아주 가파른 성장이네요.

이런 성장을 실현할 수 있는 기업은 극히 일부입니다. 하지만 투자자의 지원을 받아 기업의 규모를 확대하지 않으면 사회에 큰 인상을 남기기 어려워요.

 어…? 잠깐만요. 투자자에게 받은 돈이 부채가 아니라 자본에 포함된다니 이상한데요?

 기업은 투자금에 대해서 상환 의무를 지지 않거든요.

 돌려주지 않아도 된다는 말인가요?

 물론 경영자는 이익을 내서 배당 또는 주가 상승이라는 형태로 주주에게 환원해야 합니다. 하지만 기업이 도산한다고 하더라도 투자금을 상환할 의무는 없어요.

 저는 회사를 차리면 늘 파산 위험이 따른다고 생각했어요.

 은행에서 대출을 받았다면 그렇겠죠. 주주에게 모은 돈으로 회사를 운영하는 한 위험 부담은 없습니다.

그래서 돈이 부족해지면 출자자들에게 증자를 부탁하기도 하죠. 그래서 주주와 기업은 운명 공동체인 겁니다.

SECTION 13

B/S 재무상태표⑥
채무초과란 어떤 상태일까?

POINT 핵심 포인트 !

☑ 부채가 자산을 초과한 상태를 채무초과라고 한다.
☑ 채무초과 상태가 되면 자본이 마이너스가 된다.

 지금까지 평범한 B/S를 살펴봤는데 '채무초과'라는 심각한 버전도 있습니다.

 말만 들어도 무시무시한데요?

 채무초과란 오른쪽의 '부채 총액'이 왼쪽의 '자산 총액'을 초과한 상태예요. 그림으로 예를 들어보겠습니다.

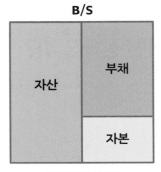

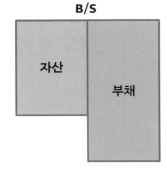

보통의 재무상태표　　　　채무초과 상태의 재무상태표
　　　　　　　　　　　　　　　　（자본은 마이너스）

 앞서 자본은 '자산-부채'라고 설명했죠? 자산이 100
억 원, 부채가 120억 원이라면 자본은 -20억 원입니
다. 즉 '채무초과란 자본이 마이너스인 상태'라고 표
현할 수 있어요.

 B/S에서는 어떻게 표기하나요?

 자본 총액을 마이너스로 표기합니다. 부채 120억 원
과 자본 -20억 원을 합하면 자산 100억 원과 똑같아
지죠. 좌우가 균형을 이룬다는 기본은 바뀌지 않아
요. 이익잉여금이 조정자 역할을 하니까요.

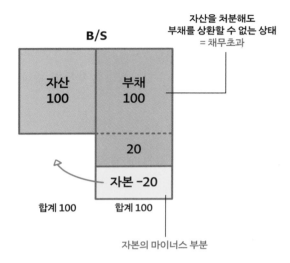

자산을 처분해도
부채를 상환할 수 없는 상태
= 채무초과

B/S

자산 100	부채 100
	20
	자본 -20
합계 100	합계 100

자본의 마이너스 부분

정말 적자여도 B/S는 균형을 이루는군요. 채무초과가 되면 기업은 회생할 수 없나요?

상장기업일 경우 채무초과는 상장폐지 사유가 되기도 하는데, 실제로 일본 중소기업의 30%는 채무초과 상태로 경영을 이어가고 있어요.

네? 엄청난 숫자네요. 어떻게 기업을 계속할 수 있는 건가요?

그야말로 '자전거 조업'이죠. 현금이 들어오는 족족 차입금 상환에 쓰는 거예요. 페달을 밟는 발, 즉 들어오는 현금이 잠깐이라도 멈추면 순식간에 도산하게 됩니다.

 아니면 돈을 갚기 위해 또다시 돈을 빌리겠네요. 저도 카드론 때문에 지옥을 경험한 적이 있거든요.

 그거 큰일이었겠네요. 게다가 채무초과인 기업에는 은행이 돈을 잘 빌려주지 않아요. 그래서 경영이 더 힘들어지는 거죠.

 그렇군요.

 개인 역시 주택자금 대출 때문에 채무초과에 빠지기도 해요.

 저도 집 살 때 20년 상환으로 대출을 받았어요.

 5억 원을 대출받아 집을 샀다고 생각해보겠습니다. 차입금 5억 원은 부채 항목에 올라가겠죠. 자산 항목에는 취득원가를 적용해서 '집 5억 원'이라고 적겠죠?

 이번에도 균형이 딱 맞는군요.

 그렇습니다. 하지만 5억 원에 산 집이 팔 때도 5억 원일까요? 실제로 가치가 떨어지기도 하죠. 그러다 보니 돈을 빌려 내 집을 마련한 가계 중에 채무초과에 빠지는 경우도 많습니다.

 집값아 올라라, 올라라….

법정 최고 이자율을 초과하는 급여 선불 서비스의 덫

카드 대금 리볼빙이 한때 세상을 떠들썩하게 했는데, 다양한 책에서 그 위험성을 지적한 덕분에 조심하는 사람이 많아졌죠. 하지만 '급여' 선불 서비스의 문제점도 제대로 이해하고 있을까요?

급여 선불 서비스란 말 그대로 급여를 미리 받을 수 있는 서비스입니다. 월급날은 아직 멀었는데 당장 밥 먹을 돈도 없는 사람에게는 아주 고마운 서비스지요.

사실 급여 선불 서비스와 리볼빙에는 큰 차이가 없습니다. 이 둘의 차이는 수수료를 미리 차감하느냐 이자를 나중에 내느냐입니다. 수수료와 이자라는 차이가 있지만, 실질적인 원리는 같습니다. 1,000만 원짜리 물건을 사고 리볼빙 서비스를 이용한다면 이자를 포함해 총 1,150만 원을 갚게 되는데, 급여 선불 서비스를 이용하면 1,000만 원 중에 수수료를 뺀 850만 원만 받게 되니까요.

리볼빙과 급여 선불 서비스의 가장 큰 문제점은 엄청난 이율입니다. 리볼빙이 빌린 돈에 대한 이자를 갚는 데 비해, 급여 선불 서비스는 수수료를 먼저 차감합니다. 이 수수료가 대출 이자나 다름없죠. 일본의 법정 최고 이자율은 금액에 따라 연 15~20%인데, 급여 선불 서비스의 수수료를 연이자로 환산하면 법정 최고 이자율을 훌쩍 넘기는 경우도 많습니다.

회계 사고의 기본은 수입이라는 댐에서 흘러넘친 물을 효율적으로 사용하는 것입니다. 그러나 리볼빙과 급여 선불 서비스는 회계 사고와 완전히 반대되는 개념입니다. 이런 서비스를 이용하는 것은 댐 문을 활짝 열어놓는 행위이기 때문에 물이 쌓이지도, 넘치지도 않습니다. 돈을 불리고 싶다면 회계 사고를 토대로 생각하는 습관을 들여야 합니다.

SECTION

14

POINT
핵심
포인트!

B/S 재무상태표⑦
영업권이란 무엇일까?

☑ 영업권은 눈에 보이지 않는 기업의 수익력을 나타낸다.
☑ GAAP에 따르면 영업권은 20년 이내에 상각한다.
☑ IFRS에 따르면 영업권의 가치가 갑자기 0원이 되기도 한다.

 B/S를 설명할 때 마지막에 등장한 영업권에 대해 알아보겠습니다. 영업권은 자산 항목 중에서도 '무형자산'으로 분류되는 계정과목이에요. 눈에 보이지 않는 기업의 수익력을 나타내는데 영어로는 'goodwill'이라고 합니다. 신용력이라고도 할 수 있죠.

 영업권이라…, 추상적인 개념이군요.

 영업권이란 기업을 매수할 때 지급한 대가와 매수 대상 기업이 보유한 자본 가치의 '차액'을 뜻해요.

 좀 어려운데요.

| PART 2   지식 0에서 시작해 결산보고서를 술술 읽어보자!

A사가 B사를 200억 원에 매수했다고 해볼게요. B사 자본의 현재가치가 150억 원이었다면, A사의 B/S 왼쪽에 무형자산인 영업권 50억 원이 계상됩니다. 반대로 매수 대상 기업의 자본 가치보다 지급한 대가가 작을 때 '부의 영업권'이 발생합니다. 부의 영업권은 '염가매수차익'으로 B/S의 오른쪽에 계상해요.

 영업권 50억 원은 기대치 같은 건가요?

 그렇습니다. '초과수익력'이라고도 하는데 B사를 매수함으로써 A사가 얻을 수 있는 새로운 가치 또는 이익 창출력이라고 생각할 수 있어요. 우수한 경영진, 인재, 기술력, 정보력, 고객 충성도, 브랜드 인지도 등 B사의 부가가치를 반영하는 거죠.

 이제 알겠어요.

 GAAP에서는 영업권을 '내용연수 최대 20년, 정액법으로 상각'하도록 규정하고 있어요. 만약 매수 시점의 영업권이 50억 원이라면 매년 2억 5,000만 원씩 자산 가치가 하락해서 20년 후에는 B/S에서 사라지죠.

20년이 소비기한이군요.

 사실 기간에 대해서는 의견이 분분합니다. 영업권 50억 원도 매수 시점에서 정한 숫자에 불과하니까요. 영업권의 가치를 20년에 걸쳐 상각하는 게 규칙이라고는 해도 왜 하필이면 20년인지 의문스럽죠.

 명확한 이유가 없는 거군요.

 그에 비해 국제회계기준 IFRS에서는 영업권을 엄격히 다루고 있어요. 상각하지 않고 매년 손상검사를 하도록 규정하고 있죠.

싸면 살래

비싸도 살래!

브랜드 기술력 고객

자본 15

매수가 10
– 현재가치 15 = -5

매수가 20
– 현재가치 15 = 5

10에 샀다면 '부의 영업권'

20에 샀다면 '영업권'

그래서 기업을 매수하고 몇 년 지나고 보니 가치가 없다고 판단됐다면 영업권이 갑자기 0원이 될 수도 있어요. 회계기준이 IFRS로 통일되면 큰 영향을 받는 기업도 많을 겁니다.

SECTION 15

C/F 현금흐름표①
흑자도산은 왜 일어날까?

POINT
핵심 포인트 !

☑ 발생주의의 영향으로 이익과 실제 보유 현금에 차이가 생긴다.
☑ C/F에서 실제 자금 사정을 정확히 파악할 수 있다.

 다음으로 세 번째 'C/F(현금흐름표)'가 무엇인지 알아볼 게요. 혹시 '흑자도산'이라고 들어본 적 있나요?

 기사에서 본 적이 있는데, 안 그래도 궁금했어요. 흑자를 냈는데 도산이라니….

 흑자도산이란 'P/L상에서는 흑자이지만, 현금 부족으로 인한 자금압박으로 도산하는 것'을 말합니다.

 흑자인데 왜 도산하는 거예요?

 회계의 발생주의가 원인입니다.

| PART 2   지식 0에서 시작해 결산보고서를 술술 읽어보자!

발생주의? 아, 철도 사업 이야기에서 나왔었죠.

 당시에는 현금 거래가 당연했습니다. '현금 얼마를 냈다', '현금 얼마를 받았다', '현재 얼마가 있다'라고 그때그때 기록하면 돈 관리는 끝이었죠.

그런데 발생주의가 도입되면서 제도가 점점 복잡해 지고 외상매출금, 감가상각과 같이 장부상에만 존재 하는 숫자가 생겼습니다. 그 결과 '이익'과 '현금'에 차이가 생긴 거예요.

 으으, 조금 더 알기 쉽게 설명해주세요.

 토끼 씨가 5,000만 원에 1년 동안 작업할 원고를 의 뢰받았다고 생각해볼게요. 작업비는 책이 완성되고 나서 1년 후에 받는 것으로 계약했습니다.

발생주의에 따르면, 출판사에 원고를 납품하고 청구 서를 발행한 시점에 외상매출금 5,000만 원이 장부 에 기록됩니다.

그럼 올해의 P/L에서 매출액은 얼마가 될까요?

 그야 5,000만 원이겠죠.

맞습니다. 하지만 수중에 현금 5,000만 원이 있나요?

 어, 없네요! 이거 큰일인데요!

 이런 예도 있어요. 500만 원짜리 컴퓨터를 현금으로 샀습니다. 계산을 마침과 동시에 수중에 있던 현금 500만 원은 사라지죠.

하지만 발생주의에 따르면 유형자산은 감가상각, 즉 비용을 나누어서 계상해야 하니까 P/L에서는 500만 원 중에 약 100만 원만 비용으로 처리됩니다.

 500만 원을 썼는데 일부만 비용으로 처리한다고요?

 그렇습니다. 감가상각을 하면 실제 금액보다 적은 비용만 계상되니까 남은 400만 원만큼 이익이 커지는 거예요. 하지만 400만 원이란 현금이 수중에 존재하지는 않죠. 이미 값을 치렀으니까요.

이런 경우에도 이익과 현금의 차이가 발생합니다. 흑자도산의 원인 중 하나예요.

혼한 사례는 외상매출금 회수가 늦어지면서 현금흐름이 끊기는 경우(매출이 발생했으나 현금이 없는 경우)와 과

지식 0에서 시작해 결산보고서를 술술 읽어보자!

잉재고로 현금흐름이 끊기는 경우(현금이 나갔으나 비용 처리가 되지 않는 경우) 등 두 가지입니다.

외상매출금 이야기는 아까 설명으로 상상이 되는데, 재고가 많아서 도산한다니 잘 이해되지 않아요.

상품을 대량으로 매입하면 운전자금이 한꺼번에 줄 어들지만, 바로 P/L에 계상되지 않아요. 매출원가는 상품이 팔린 시점에 기록하기 때문이죠.

이와 같은 원칙을 전문 용어로 '수익비용대응의 원 칙'이라고 합니다. 과잉재고는 자산으로 계상되어서 비용으로 처리할 수 없어요. 또 이익에는 세금이 부 과되죠. 그래서 실제 자금 사정과 달리 P/L상에서는 흑자를 기록하기도 해요.

그렇게 되는군요.

그런 사태를 방지하기 위해 회사의 수익뿐만 아니라 수 중에 얼마의 현금이 있는가를 항상 파악해야 합니다.

맞아요. 지갑을 늘 들여다봐야 해요. 한번은 택시를

타고 나서야 지갑에 현금이 없다는 걸 알게 되기도 했어요. 어찌나 민망하던지….

 그래서 현금흐름표(C/F) 작성이 필요한 거예요. 일본에서는 2000년부터 상장기업에 C/F 작성을 의무화했습니다. 자금 사정을 파악하는 것이 장사의 기본이긴 하지만요.

더 알아보자!

현금흐름은 혈액이다?

기업을 사람의 몸에 비유한다면, 현금흐름은 혈액입니다. 매출액이 1,000억 원이라고 해도 회수 예정일이 내년이고, 지급할 부채가 1,500억 원이라면 어떻게 될까요? 출혈 과다로 목숨이 위태롭겠죠. 기업 경영에서는 돈(혈액)을 순환시켜서 건전한 상태를 유지하는 것이 중요합니다.

SECTION 16

C/F 현금흐름표②

현금흐름을 세 가지 활동으로 구분해보자!

☑ C/F는 영업활동, 투자활동, 재무활동 등 세 가지로 나누어진다.
☑ 현금의 유입 및 유출과 기말 잔액을 알 수 있다.

 그럼 C/F를 읽는 요령을 알아보겠습니다. 간단하니

까 예를 들어서 이야기할게요.

현금흐름표

영업활동으로 인한 현금흐름	
법인세비용차감전순이익	
감가상각비	
매출채권의 증가	
매입채무의 증감	
법인세 등의 납부	
영업활동으로 인한 현금흐름 합계	1
투자활동으로 인한 현금흐름	
유가증권의 취득	
유가증권의 처분	
비유동자산의 취득	
비유동자산의 처분	
투자활동으로 인한 현금흐름 합계	2
재무활동으로 인한 현금흐름	
단기차입금의 차입	
단기차입금의 상환	
재무활동으로 인한 현금흐름 합계	3
현금 및 현금등가물의 증감	1+2+3 = 4
현금 및 현금등가물의 기초 잔액	5
현금 및 현금등가물의 기말 잔액	4+5

← 주된 영업활동을 통해 발생한 현금흐름

← 주식, 비유동자산 매매로 발생한 현금흐름

← 자금 차입, 상환 등으로 발생한 현금흐름

← 위 세 가지 현금흐름의 증감액
← 기초의 현금 잔액
← 기말의 현금 잔액

으으, 하나도 모르겠어요….

 겁먹지 마세요. 일단 자세한 항목은 무시해도 괜찮습니다. 주목해야 할 부분은 표가 3개로 나누어져 있다는 점입니다.

 '영업활동', '투자활동', '재무활동' 말인가요?

 맞아요. 현금흐름(cash flow)을 'CF'라고도 표기하는데, 각 항목의 가장 아래에 그 활동에서 발생한 현금흐름이 쓰여 있습니다(표의 1, 2, 3). 이 숫자가 아주 중요해요.

기간을 1년이라고 정했다면 1년 사이에 영업활동 현

> **현금흐름 합계로 보는 세 가지 돈의 흐름**
> **영업활동 현금흐름:** 주된 영업활동을 통해 발생한 현금의 유입 및 유출
> **투자활동 현금흐름:** 투자활동을 통해 발생한 현금의 유입 및 유출(비유동자산을 처분하면 유입, 취득하면 유출)
> **재무활동 현금흐름:** 재무활동을 통해 발생한 현금의 유입 및 유출(신규로 차입하면 유입, 상환하면 유출)

지식 0에서 시작해 결산보고서를 술술 읽어보자!

금흐름, 투자활동 현금흐름, 재무활동 현금흐름을 통해 현금이 얼마나 들어오고 나갔는지를 알 수 있어요.

정말이네요.

표의 가장 아래에 '현금 및 현금등가물'이라는 말이 세 번 나오는데 이것도 어렵지 않아요. 위에서부터 첫 번째는 이번 회계기간에 증감한 현금 합계, 두 번째는 이번 회계기간이 시작된 시점의 현금 합계, 세 번째는 이번 회계기간이 끝난 시점의 잔액을 나타낸 거예요.

또 새로운 용어가 나왔네요! 현금등가물이 뭐죠?

현금과 동등한 가치가 있는 자산이에요. 보통예금, 만기가 3개월 이내인 유가증권, 'CP(Commercial Paper)'라고 하는 기업어음 등을 말합니다.

C/F 현금흐름표③
현금흐름으로 알 수 있는 여섯 가지 상황

☑ 현금흐름이 플러스라고 해서 모두 좋은 것은 아니다.
☑ 본업을 나타내는 영업활동 현금흐름이 플러스냐 아니냐가 중요하다.
☑ 세 가지 현금흐름은 기업의 현재 상황을 나타낸다.

 C/F에서 가장 처음 확인해야 할 부분은 앞서 설명한 세 가지 현금흐름입니다. 현금이 얼마나 유입되었는가, 현금이 얼마나 남아 있는가를 가볍게 훑어보면 돼요. 그런 다음 세 가지 중 어느 활동이 플러스(+)이고 어느 활동이 마이너스(-)인가를 꼼꼼히 살펴야 합니다.

 그야 플러스면 다 좋은 거 아닌가요?

 아닙니다. 반드시 플러스여야 하는 것은 영업활동 현금흐름뿐이에요. P/L을 살펴봤을 때 설명했듯이 기업이 성장하기 위해서는 본업에서 제대로 이익을 내야 하니까요.

 그래도 기왕이면 플러스인 게 좋을 것 같은데요.

 투자활동 현금흐름은 어느 쪽이든 상관없지만, 성장 중인 기업이라면 현금흐름이 마이너스여야 합니다. 장래를 내다보며 적극적으로 투자하고 있다면 마이너스가 되는 게 당연해요. 공장을 세우거나 기계를 사려면 현금이 유출되니까요.

 하긴 단순히 현금을 쌓아두는 게 목적이 아니죠.

 마지막 재무활동 현금흐름은 자금을 차입하면 플러스가 되고 상환하면 마이너스가 되므로 숫자만 가지고는 판단할 수 없어요. 각각의 조합이 중요합니다. 예를 들어 투자활동 현금흐름이 마이너스, 재무활동 현금흐름이 플러스라면 투자하기 위해 자금을 빌린 경우일 테니 섣불리 나쁘다고 판단할 수 없어요. 퀴즈를 한번 내볼게요.

Q 영업활동 현금흐름이 마이너스이고 투자활동 현금흐름과 재무활동 현금흐름이 플러스일 때, 기업은 현재 어떤 상황일까요?

본업의 현금흐름이 마이너스, 투자와 차입의 현금흐름이 플러스…? 잘 모르겠어요.

이렇게 생각할 수 있어요. 본업에서 적자(영업활동 현금흐름이 마이너스)가 난 탓에 자산을 처분하고(투자활동 현금흐름이 플러스), 돈을 빌려서 현금을 충당하고 있는(재무활동 현금흐름이 플러스) 상황입니다(다음 표의 ⑤). 이런 아슬아슬한 기업이라면 걱정되지 않나요?

헉! 맞아요. 저도 카드론 때문에 아끼던 낚시 도구를 판 적이 있거든요.

저런! 마찬가지로 종업원에게 월급을 주기도 빠듯해서 돈을 모아야 하는 상황이라면 정말 위험하죠. 토지나 기계를 처분하면 회사가 굴러가기는 할지 걱정되고요.

지식 0에서 시작해 결산보고서를 술술 읽어보자!

정말 그렇네요. 남의 일 같지 않아요.

 이처럼 C/F에서 세 가지 현금흐름의 조합을 살펴보기만 해도 기업이 현재 어떤 상황인지 알 수 있습니다. 대표적인 여섯 가지 유형이 있어요.
표를 보면서 설명하겠습니다.

<세 가지 현금흐름으로 알 수 있는 기업의 여섯 가지 단계>

		영업활동 현금흐름	투자활동 현금흐름	재무활동 현금흐름	
안전 ↑	①	+	−	−	가장 이상적!
	②	+	−	+	
	③	+	+	+	
	④	−	+	−	
	⑤	−	+	+	
위험 ↓	⑥	−	−	+	위태롭다!

 가장 이상적인 유형이 ①입니다. 영업활동 현금흐름이 플러스, 투자활동 현금흐름과 재무활동 현금흐름이 마이너스인 상태죠. 본업에서 제대로 돈을 벌면서 그 이익으로 투자도 하고 차입금도 잘 갚고 있으니까요.

듣기만 해도 정말 이상적으로 들리네요.

 ②와 같은 회사도 꽤 많아요. 본업에서 수익이 발생하지만, 가지고 있는 현금으로는 투자할 여력이 없어서 돈을 빌리는 경우죠. 대규모 설비투자를 할 때 자주 보이는 유형입니다.

③은 본업에서 수익이 발생하고 차입금도 갚고 있으니 나쁘지 않지만, 투자활동 현금흐름이 플러스라면 투자에 소극적일 가능성이 있습니다. 앞으로의 성장성이 염려되네요.

 ④는 어떤 경우인가요?

 본업이 적자이고 돈을 빌리는 대신 자산을 처분해서 운전자금을 마련하고 있는 경우입니다. 조금 아슬아슬한 상태예요.

더 위험한 유형은 ⑤입니다. 본업이 적자인 데다 닥치는 대로 현금을 끌어다 쓰는 회사죠.

 왠지 가엾기까지 하네요.

시한부나 다름없는 상태가 ⑥입니다. 본업에서 수익도 발생하지 않고 투자를 그만둘 수도 없는 상황이죠. 회사를 이어나갈 마지막 수단은 투자자로부터의 투자뿐이에요.

 시한부라니, 안타깝네요. 어? 그런데 스타트업 기업들이 이런 상황 아닌가요?

 예리하시네요! 위태로운 기업과 스타트업 기업은 현금흐름이 비슷해요. 스타트업 기업은 현금흐름 유형의 가장 아래부터 시작해야 하니까요. 가지고 있는 자금이 바닥나기 전에 사업 모델을 확립하고 영업활동 현금흐름을 어떻게든 플러스로 만들어야 해요. 엄청난 부담감 속에서 싸우는 겁니다.

 C/F만으로도 회사를 깊이 있게 알 수 있다니 흥미롭네요.

 각 기업의 상황을 단정할 수는 없지만 좋은 판단 재료가 되죠. '지금 이런 단계가 아닐까?', '혹시 이런 상황은 아닐까?' 하고 가설을 세우고 난 뒤에 숫자를 자세히 살펴보면 더 잘 이해할 수 있을 거예요.

재무와 세무는
어떻게 다를까?

☑ 재무회계와 세무회계는 원칙이 다르다.
☑ 재무와 세무는 용어나 계산 방식에도 차이가 있다.

 지금까지 재무 3표의 기본을 배웠으니 세무회계도 이
야기하고 넘어가야겠죠. 먼저 재무회계와 세무회계
의 차이가 드러나는 구체적인 예를 하나 소개할게요.
P/L, B/S를 설명할 때는 생략했는데 재무회계에는
'대손충당금'이라는 비용이 계상될 때가 있습니다.
매출채권의 3% 정도는 어차피 회수하지 못할 테니
미리 비용으로 처리해두자는 취지예요.

 쓸데없는 참견이네요.

 그렇긴 하지만, 실제로 매출채권이 회수되지 않는
경우가 가끔 있어요.

재무회계의 목적은 '기업의 경영 상태를 가능한 한 정확하게 수치화하는 것'이기 때문에 일부러 이런 특수한 회계처리를 합니다. 하지만 과세 당국에 재무제표를 제출할 때는 대손충당금 처리에 주의해야 해요.

세무회계에서는 소득이 같으면 같은 세금을 부담한다는 '과세의 공평'을 중시하므로, 대손충당금과 같이 확정되지 않은 비용에는 엄격한 규칙이 적용됩니다. 쉽게 비용으로 인정하지 않는 거죠.

 재무와 세무, 비슷한데도 방침이 전혀 다르군요.

지식 0에서 시작해 결산보고서를 술술 읽어보자!

대손충당금의 예에서 알 수 있듯이 재무회계는 비관적이고 현실적인 숫자를 지향합니다. 이런 회계처리 원칙을 '보수주의'라고 해요. 재무제표상의 수익을 되도록 보수적인 숫자로 기록하는 거죠.

한편 세무회계는 '권리확정주의'라는 원칙에 따릅니다. 이러이러한 일이 예상된다고 주장해도 과세 당국에서는 확정된 사항만 인정해요. 원칙이 다르므로 세세한 처리 방법에 차이가 생기는 거죠.

그리고 재무회계에서는 들어오는 돈을 '수익(또는 이익)', 나가는 돈을 '비용(또는 손실)'이라고 하는데, 세무회계에서는 '익금'과 '손금'이라는 독특한 표현을 씁니다. 표현이 다른 이유는 계산 방식이 다르기 때문이에요.

 그 밖에 어떤 차이가 있나요?

 특히 악성재고 취급에서 숫자상의 큰 차이가 있습니다. 재무회계에서는 타당성만 인정된다면 악성재고의 평가를 낮춰서 계상할 수 있어요. 그편이 실질적인 경영 실태를 반영하니까요. 하지만 세무회계에서는 그럴 수 없어요.

그럼 어떤 점에서 불리한가요?

 가치가 없거나 쓸모가 없는 자산인데도 세무회계에서는 가치가 있다고 평가합니다. 그 의미를 착각한 경영자는 계속해서 재고를 쌓아두기도 하죠.

 아, 그렇겠군요.

 또 한 가지 의외로 무서운 항목이 접대비예요. 재무회계에서는 8,000만 원을 쓰든 10억 원을 쓰든 접대비가 계상되지만, 세무회계에서는 기업의 규모에 따라 손금산입이 되는 금액이 달라지거든요.

 만약 사장이 접대비로 10억 원을 흥청망청 쓰면 어떻게 되나요?

 한도가 8,000만 원이라면 9억 2,000만 원은 손금으로 처리되지 않습니다. 손금불산입, 즉 돈을 썼는데도 손금으로 처리되지 않아 과세 대상이 되는 거죠. 재무회계상 당기순이익이 0원이라고 해도 그 9억 2,000만 원이 손금으로 처리되지 않으면 흑자 법인

지식 0에서 시작해 결산보고서를 술술 읽어보자!

으로 판단되어 법인세가 발생하기도 해요.

 당기순이익이 0원인데 세금을 내야 한다고요?

 엄청나죠? 이런 불상사 때문에 자금흐름이 끊기는
기업도 있어요. 조심해야 하죠.

실제 결산보고서를
읽어보자!

☑ 재무제표 점검에는 자본의 합계와 부채의 균형, 이익잉여금 등
　몇 가지 포인트가 있다.
☑ 투자가 목적이라면 공시된 보고서의 앞부분을 살펴볼 것!

　　그럼 복습을 겸해서 실제 결산보고서를 가볍게 훑어

볼까요?

　　저는 마쓰다 자동차를 좋아하니까 마쓰다로 해볼게

요. '마쓰다 유가증권보고서'라고 검색하면…. 아!

2021년 3월 결산의 유가증권보고서가 있네요. 그런

데 이게 다 몇 쪽이죠? 100쪽도 훌쩍 넘겠는데요?

　　맞습니다. 유가증권보고서는 책 한 권 정도의 분량

이에요.

　　휴, 볼 마음이 싹 사라졌어요.

아직 포기하지 마세요. 재무제표 자체는 많지 않으니까요. 보고서의 중간쯤에 실려 있을 거예요.

모기업만의 숫자를 나타내는 '개별재무제표'와 그룹 전체의 숫자를 나타내는 '연결재무제표'가 있습니다. 개별재무제표에는 현금흐름표가 없으니 연결재무제표로 설명할게요.

B/S를 볼까요? 이 책에서는 178~179쪽에 실려뒀어요.

정말이네요. 먼저 B/S부터군요. 직전 사업연도와 비교하고 있네요. 자산 합계가…. 아, 이런! 단위부터 헷갈리는데요.

표 상단에 단위가 '천만 원'이라고 쓰여 있네요. 29조 원 정도겠군요.

조…! 단위가 천만 원인데 1원의 오차도 없는 것 맞아요?

물론입니다. 그래서 힘든 작업이에요.

쓱 한번 훑어볼까요? 유동자산과 비유동자산이 반반 정도이고 총자산이 29조 원…. 부채와 자본의 합계가 자산과 일치하는군요.

 여기서 무엇을 보면 되나요? 먼저 자산의 합계인가요? 자산이 있으면 뭐든지 할 수 있을 테니까요.

 역시 자산에 먼저 눈이 가죠? B/S를 볼 때 만약 이 회사에 대해 아무것도 모르는 상태라면 먼저 '자본의 합계가 플러스'인지, '채무초과인지 아닌지'를 확인해야 합니다.
그런 다음 '이익잉여금'으로 넘어가야 해요. 이 부분에 창업 이래 영업활동에서 발생한 이익이 쌓여 있습니다. 이 부분이 흑자인지 아닌지, 전년 대비 얼마나 증가했는지를 확인합니다.

 음…. 마쓰다는 5조 원 정도네요. 전년 대비 조금 줄어들었어요.

 그런 다음 '부채'와 '자본'의 균형을 확인합니다. 이 부분은 PART 4 재무분석의 기본에서 자세히 알려드릴게요.

지식 0에서 시작해 결산보고서를 술술 읽어보자!

그런 다음 P/L을 보니(이책의 180~181쪽), 매출액이 29조 원이고 다섯 가지 이익도 전부 있어요. 어? 당기순이익 다음에 '포괄손익계산서'[1]라는 게 있고 당기 '포괄손익'이 흑자인데…. 이건 뭔가요?

잘 발견했네요. 앞서 설명을 생략했는데, 포괄손익계산서는 국제적으로 사업을 전개하는 기업의 결산 보고서에 꼭 등장합니다. 주로 외환 변동이 '기타포괄손익'에 반영되죠. 당기순손익에서 기타포괄손익을 가감하여 산출한 것이 포괄손익이고, B/S의 이익잉여금에 합산됩니다.

---

1 한국채택국제회계기준(K-IFRS)은 손익계산서 대신 포괄손익계산서를 주된 재무제표로 지정하고 있다.

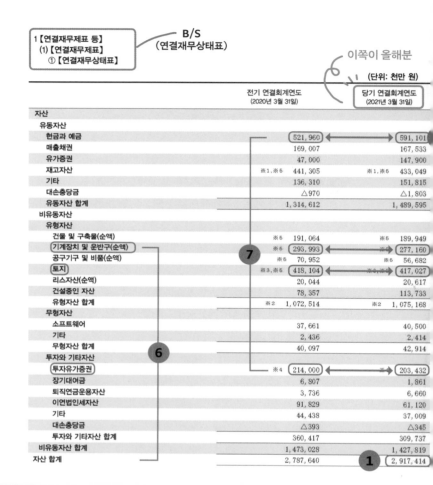

1【연결재무제표 등】
(1)【연결재무제표】
 ①【연결재무상태표】

B/S
(연결재무상태표)

이쪽이 올해분

(단위: 천만 원)

	전기 연결회계연도 (2020년 3월 31일)	당기 연결회계연도 (2021년 3월 31일)
자산		
유동자산		
현금과 예금	521,960	591,101
매출채권	169,007	167,533
유가증권	47,000	147,900
재고자산	※1,※5　441,305	※1,※5　433,049
기타	136,310	151,815
대손충당금	△970	△1,803
유동자산 합계	1,314,612	1,489,595
비유동자산		
유형자산		
건물 및 구축물(순액)	※5　191,064	※5　189,949
기계장치 및 운반구(순액)	※5　293,993	※5　277,160
공구기구 및 비품(순액)	※5　70,952	※5　56,682
토지	※3,※5　418,104	※3,※5　417,027
리스자산(순액)	20,044	20,617
건설중인 자산	78,357	113,733
유형자산 합계	※2　1,072,514	※2　1,075,168
무형자산		
소프트웨어	37,661	40,500
기타	2,436	2,414
무형자산 합계	40,097	42,914
투자와 기타자산		
투자유가증권	※4　214,000	※4　203,432
장기대여금	6,807	1,861
퇴직연금운용자산	3,736	6,660
이연법인세자산	91,829	61,120
기타	44,438	37,009
대손충당금	△393	△345
투자와 기타자산 합계	360,417	309,737
비유동자산 합계	1,473,028	1,427,819
자산 합계	2,787,640	2,917,414

고야마식 B/S 체크법

. . . .

① 자산 합계에서 대강의 규모를 확인한다. → 단위로도 전체 규모 파악
② 자본을 확인한다. → 채무초과 여부(가능성은 작다), 자본금 확인
③ 이월이익잉여금을 확인한다. → 결손 여부
④ 부채와 자본의 균형(부채비율)을 확인한다. → 차입 과다 여부

　　　지식 0에서 시작해 결산보고서를 술술 읽어보자!

(단위: 천만 원)

	전기 연결회계연도 (2020년 3월 31일)		당기 연결회계연도 (2021년 3월 31일)	
부채				
유동부채				
매입채무		364,784		363,679
단기차입	※5	121,364	※5	1,608
1년 이내 상환 예정인 장기차입금	※5	37,130	※6	11,323
리스부채		4,484		4,482
미지급법인세		16,022		5,336
미지급금		32,265		47,962
미지급비용		225,227		238,099
판매보증충당부채		87,168		80,504
기타		44,499		54,657
유동부채 합계		932,943		807,650
비유동부채				
사채		50,000		50,000
장기차입금	※5	390,375	※5	(670,920) **6**
리스부채		16,515		17,599
이연법인세부채	※3	64,553	※3	64,537
퇴직급여충당부채		75,874		50,039
기타		51,534		60,843
비유동부채 합계		648,851		913,934
부채 합계		1,581,794		(1,721,584)
자본				
주주자본				
자본금		283,957		283,957
자본잉여금		264,917		263,028
이익잉여금		552,993		(508,784) **3**
자기주식		△2,186		△2,187
주주자본 합계		1,099,681		1,053,582
기타포괄손익누계액				**4**
매도가능증권평가손익		2,231		16,002
파생상품평가손익		321		△312
토지재평가차액금	※3	145,574	※3	145,536
해외사업환산손익		△48,256		△30,897
퇴직급여에 대한 조정누계액		△24,604		△2,181
기타포괄손익누계액 합계		75,266		128,148
신주인수권		290		382
비지배지분		30,609		13,718 **2**
자본 합계		1,205,846		(1,195,830)
부채와 자본 합계		2,787,640		(2,917,414) **1**

고야마식 B/S 체크법

⑤ 현금과 예금의 잔액을 확인한다. → C/F 확인에 앞서 잔액이 적정한지 확인

⑥ 영업권, 기타자산·부채에서 특징적인 사항이 없는지 확인한다.
　　→ 큰 금액부터 확인

⑦ 전년·기간 대비 큰 증감을 확인한다.
　　→ 주요 자산 처분, 구조조정충당금 등의 이상 수치 확인

② 【연결손익계산서 및 연결포괄손익계산서】 ── P/L
【연결손익계산서】 (손익계산서)

이쪽이 올해분

(단위: 천만 원)

	전기 연결회계연도 (2019년 4월 1일부터 2020년 3월 31일까지)	당기 연결회계연도 (2020년 4월 1일부터 2021년 3월 31일까지)	
매출액	3,430,285	2,882,066	①
매출원가	2,683,647	2,268,422	
매출총이익	746,638	613,644	
판매비와 일반관리비	※1,※2 703,035	※1,※2 604,824	
영업이익	43,603	8,820	
영업외수익			
이자수익	5,271	2,988	
배당금수익	2,178	2,185	
임대료	1,731	1,682	
지분법이익	19,714	6,622	
외환차익	—	16,062	
기타	3,756	2,963	
영업외수익 합계	32,650	32,502	
영업외비용			
이자비용	6,132	8,034	
매출채권처분손실	1,478	891	
외환차손	10,466	—	
기타	5,086	4,146	
영업외비용 합계	23,162	13,071	
경상이익	53,091	28,251	
특별이익			
유형자산처분이익	89	352	
투자자산처분이익	413	400	
수용보상금	109	180	
기타	129	32	
특별이익 합계	740	964	
특별손실			
유형자산처분손실	※3 3,734	※3 4,915	
투자자산손상차손	※4 797	※4 1,355	
COVID-19에 의한 조업정지에 따른 손실	—	※5 20,460	
기타	18	283	
특별손실 합계	4,549	27,013	
세금 등 조정 전 당기순이익	49,282	2,202	
법인세·법인주민세·법인사업세	27,539	17,400	
과년도 법인세 등 환입액	※6 △11,766	—	
법인세 등 조정액	19,404	16,856	
법인세 등 합계	35,177	34,256	
당기순이익 또는 당기순손실(△)	14,105	△32,054	
비지배지분에 귀속되는 당기순이익 또는 당기순손실(△)	1,974	△403	
지배기업의 소유주에게 귀속되는 당기순이익 또는 당기순손실(△)	12,131	△31,651	

2 3 4

지식 0에서 시작해 결산보고서를 술술 읽어보자!

포괄손익계산서
(연결)

(단위: 천만 원)

	전기 연결회계연도 (2019년 4월 1일부터 2020년 3월 31일까지)	당기 연결회계연도 (2020년 4월 1일부터 2021년 3월 31일까지)
당기순이익 또는 당기순손실(△)	14,105	△32,054
기타포괄손익		
매도가능증권평가손익	△1,765	13,754
파생상품평가손익	△530	△545
해외사업환산손익	△15,855	19,698
퇴직급여에 대한 조정액	△2,641	22,384
지분법 적용기업에 대한 지분	1,618	△2,780
총기타포괄손익	※1 △19,173	※1 52,511
포괄손익	△5,068	20,457
(내역)		
지배기업의 소유주에게 귀속되는 포괄손익	△6,306	21,269
비지배지분에 귀속되는 포괄손익	1,238	△812

고야마식 P/L 체크법

① 매출액에서 기업 규모를 확인한다.

② 이익 발생 여부를 확인한다.

　→ 영업이익, 매출총이익, 경상이익, 최종이익의 순서로

③ 판매비와 일반관리비 다음으로 큰 비용을 확인한다.

④ 특이한 항목을 확인한다. → 눈에 띄는 손실이 있는가?

'자본변동표'는 건너뛰고 C/F를 살펴보겠습니다(이 책의 183~184쪽).

 세 가지 현금흐름의 플러스, 마이너스를 확인하는 거였죠? 영업활동 현금흐름이 플러스, 투자활동 현금흐름이 마이너스, 재무활동 현금흐름이 마이너스네요. 즉 본업에서 수익 발생, 적극적인 투자, 순조로운 차입금 상환…. 여섯 가지 유형 중에 ①이니까 우수한 기업이군요!

어…? 설마 제가 재무제표를 분석한 건가요? 믿기지 않아요!

 놀라운 성장이네요!

재무제표를 바탕으로 기업의 상태를 자세히 분석하는 방법은 PART 4에서 다루겠습니다. 일단 유가증권보고서와 같은 사업보고서에서 앞부분이 중요하다는 것만 기억해두세요. 재무제표 이후에 나오는 내용은 비고란이나 다름없습니다.

 그런가요? 앞부분에는 글자만 잔뜩 쓰여 있는데요?

④【연결현금흐름표】　　현금흐름표
（연결）

이쪽이 올해분

(단위: 천만 원)

	전기 연결회계연도 (2019년 4월 1일부터 2020년 3월 31일까지)	당기 연결회계연도 (2020년 4월 1일부터 2021년 3월 31일까지)
영업활동으로 인한 현금흐름		
세금 등 조정 전 당기순이익	49,282	2,202
감가상각비	92,269	89,765
투자자산손상차손	797	1,355
대손충당금의 증감(△은 감소)	△62	847
판매보증충당부채의 증감(△은 감소)	△11,099	△6,664
퇴직급여충당부채의 증감(△은 감소)	2,669	2,796
이자수익 및 배당금수익	△7,449	△5,173
이자비용	6,132	8,034
지분법손익(△은 이익)	△19,714	△6,622
유형자산처분손익(△은 이익)	3,536	4,383
투자자산처분손익(△은 이익)	△413	△120
매출채권의 증감(△은 증가)	18,334	5,785
재고자산의 증감(△은 증가)	△50,871	30,051
기타유동자산의 증감(△은 증가)	14,403	△6,113
매입채무의 증감(△은 감소)	△61,553	△6,864
기타유동부채의 증감(△은 감소)	△4,130	19,591
기타	△2,750	△4,467
소계	29,381	128,786
이자 및 배당금수익	30,766	23,452
이자지급액	△6,226	△7,730
법인세 등의 납부액 또는 환급액(△은 납부)	△28,078	△30,004
과년도 법인세 등의 환급액	8,991	5,554
영업활동으로 인한 현금흐름	34,834	120,058 ①
영업활동으로 인한 현금흐름		
정기예금의 순증감(△은 증가)	60	759
투자자산의 취득	△5,620	△255
투자자산의 처분 또는 상환	1,063	1,785
유형자산의 취득	△107,549	△71,776 ④
유형자산의 처분	1,476	1,462
무형자산의 취득	△14,809	△14,263
단기대여금의 순증감(△은 증가)	274	263
장기대여금의 증가	△2,748	△587
장기대여금의 회수	239	3,848
기타	36	△98
투자활동으로 인한 현금흐름	△127,578	△78,862 ③

이쪽이 올해분

(단위: 천만 원)

	전기 연결회계연도 (2019년 4월 1일부터 2020년 3월 31일까지)	당기 연결회계연도 (2020년 4월 1일부터 2021년 3월 31일까지)
재무활동으로 인한 현금흐름		
단기차입금의 순증감(△은 감소)	△15	△120, 121
장기차입금의 차입	31, 149	291, 436 ④
장기차입금의 상환	△28, 052	△36, 545
사채의 발행	19, 913	—
사채의 상환	△20, 000	—
매각 후 재리스로 인한 현금 유입액	98	139
리스부채의 상환	△4, 805	△4, 996
연결범위 변경을 수반하지 않는 종속기업 주식의 취득	—	△17, 831
배당금의 지급	△22, 042	△12, 596
비지배지분 배당금의 지급	△552	△137
자기주식의 순증감(△은 증가)	32	△1
재무활동으로 인한 현금흐름	△24, 274	99, 348 ③
현금 및 현금등가물에 대한 환산차액	△16, 612	30, 255
현금 및 현금등가물의 증감(△은 감소)	△133, 630	170, 799
현금 및 현금등가물의 기초 잔액	701, 624	567, 994 ②
현금 및 현금등가물의 기말 잔액	※1 567, 994	※1 738, 793

고야마식 C/F 체크법

① 먼저 영업활동 현금흐름을 확인한다(본업의 수익 발생 여부).

② 현금 잔액과 증감을 통해 전체적인 돈의 움직임을 확인한다.

③ 투자활동 현금흐름과 재무활동 현금흐름의 패턴(플러스 또는 마이너스)을 확인한다.

④ 투자활동 현금흐름과 재무활동 현금흐름 중 금액이 큰 곳을 확인한다.

지식 0에서 시작해 결산보고서를 술술 읽어보자!

목차를 보면 알 수 있는데 가장 먼저 확인할 부분은 '회사의 개요'와 '사업의 내용'입니다.

이 부분에 주요 변동 사항, 기업 평가, 재무제표의 요약, 투자자가 궁금해할 만한 재무분석 결과가 모두 실려 있어요.

 수수께끼의 힌트가 앞에 실려 있다는 거군요!

 맞습니다. 그 밖에 현재 회사가 안고 있는 과제, 업계 현황, 장기적인 경영 전략 및 현재 단계, 회사가 내건 수치 목표 등이 아주 상세히 설명돼 있죠.

주식을 살 때는 사업보고서의 여기를 확인하자!

투자하기 전에 이 순서대로 사업보고서를 확인할 것!

① 회사의 개요 → 주요 변동 사항, 기업 평가 등
② 사업의 내용 → 재무제표의 주요 숫자, 회사의 과제, 시장 분석, 경영 전략 등
③ 재무제표의 자세한 숫자는 마지막에 확인해도 좋다.

재무제표에는 그런 내용이 없나요?

 재무제표만 가지고는 읽어내기 힘든 정보가 많아요.
주식을 사기 전에 숫자뿐만 아니라 사업보고서를 잘
읽고 종합적으로 판단해야 합니다.

 알겠습니다! 이제 이해됐어요!

사물을 '원인과 결과'로
보는 습관을 들이자

'연 수입 1억 원'의 젊은 비즈니스맨, '연 매출 100억 원'을 거두는 회사의 경영자를 보며 부러워한 적 없으신가요?

하지만 마냥 부러워하기에는 이릅니다. 연 수입이나 연 매출은 P/L의 매출액에 해당하는 부분입니다. 매출액만 가지고는 회사의 실태를 알 수 없습니다. 연 매출이 100억 원이라고 해도 도매업이라면 실제 영업이익은 2억 원 정도일 테니까요.

연 수입처럼 1년간의 수지를 나타내는 P/L은 한눈에 보기 쉬운 재무제표이지만, 한 가지 자료만으로 판단하는 것은 단편적 시야입니다. 어떤 사물이든 입체적인 시야로 볼 때 비로소 본질을 파악할 수 있죠.

결혼 상대를 찾을 때도 단순히 연봉만을 볼 것이 아니라 상대방의 B/S를 확인하여 실제 재무상태를 파악해야 합니다. 연수입이 1억 원인데 빚더미에 앉아 있는 사람도 있습니다. 반대로 연 수입은 4,000만 원이지만 평생 가는 기술을 보유하고 있다거나 인맥이 굉장하다거나 부모가 자산가인 사람도 있습니다. 앞서 살펴본 영업권 개념에서도 알 수 있듯이 현재 다니는 회사나 처한 환경에서 발휘되지 않았을 뿐 누구에게나 눈에 보이지 않는 초과수익력(매력, 기술, 인성, 커뮤니케이션 능력, 영업 능력 등)이 있습니다. 환경이 바뀌면 잠재된 능력이 단숨에 꽃필 가능성도 있지요. 저 역시 독립하여 회사를 차리고 나니 영업 능력과 커뮤니케이션 능력을 활용할 기회가 늘었습니다. 그 덕분에 수입도 올랐고요.

사물의 좋은 면뿐만 아니라 원인과 결과, 앞과 뒤를 모두 살피는 것이 바로 복식부기의 개념입니다. 입체적 시야를 갖추면 얄팍한 상술에 쉽게 걸려들지 않습니다.

PART

3

부기의 기초 지식을
차근차근 배우자!

SECTION

1

POINT
핵심
포인트 **!**

부기의 기본①
차변과 대변이란?

☑ 차변은 '왼쪽', 대변은 '오른쪽'으로 외운다.
☑ 차변의 'ㅊ'은 왼쪽으로 꺾으니까 '왼쪽'
☑ 대변의 'ㄷ'은 오른쪽으로 꺾으니까 '오른쪽'

 재무 3표를 모두 살펴봤으니 이제 부기의 기본을 공부해볼까요?

 회계 프로그램을 처음 쓰기 시작했을 때 차변과 대변이 헷갈려서 한참 고생했어요. 도대체 무슨 뜻인가요?

 말이 나온 김에 차변과 대변을 먼저 설명하겠습니다. 차변과 대변은 복식부기에서 분개 작업을 할 때 반드시 등장하는 항목입니다. 부기를 처음 공부할 때 가장 헷갈리는 부분이기도 하죠.
차변과 대변을 이해하는 요령은 글자의 뜻을 생각하

부기의 기초 지식을 차근차근 배우자!

지 않는 것입니다!

네? 생각하지 말라고요?

무슨 뜻인지는 생각하지 말고 하나의 기호 또는 화살표라고 생각하는 겁니다. 차변의 'ㅊ'을 쓸 때 왼쪽으로 꺾고, 대변의 'ㄷ'을 쓸 때 오른쪽으로 꺾죠. 그 점에 주목해서 차변은 왼쪽, 대변은 오른쪽이라고 외워보세요.

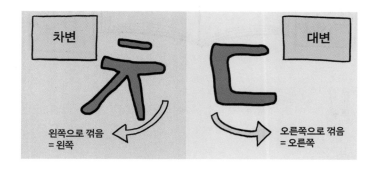

차변

왼쪽으로 꺾음
= 왼쪽

대변

오른쪽으로 꺾음
= 오른쪽

그래도 용어의 유래가 궁금한데….

그럼 설명할게요.

앞서 설명했듯이 복식부기의 발상지는 이탈리아입

니다. 당시 은행에서는 '은행에서 돈을 빌려 간 사람과 빌린 금액'을 장부의 왼쪽에 쓰고, '은행에 돈을 빌려준 사람, 즉 계좌를 만든 사람과 맡긴 금액'을 오른쪽에 기록했다고 해요.

 애초부터 왼쪽, 오른쪽이라는 의미는 없는 거네요.

 맞아요. 그 영향으로 왼쪽을 'Debit', 오른쪽을 'Credit'이라고 부르게 되었습니다.

 Debit과 Credit이라면 직불카드와 신용카드 아닌가요?

맞습니다. Debit에는 '인출', Credit에는 '입금'이라는
뜻이 있어요.

직불카드는 결제 대금이 계좌에서 바로 인출되죠.
반대로 신용카드는 일시적으로 카드 회사에서 내 지
갑에 돈을 넣어주는 거나 마찬가지고요.

Debit과 Credit에 그런 뜻이 있었군요!

복식부기가 점점 진화하고 은행뿐만 아니라 일반 상
업 현장에서도 쓰이게 되면서 '빌려 가다, 빌려주다',
'인출, 입금'이라는 분류만으로는 부족해졌어요.

그때 Debit과 Credit을 어떻게 번역할까 고민한 사
람이 미국의 회계 교과서를 일본어로 번역한 후쿠자
와 유키치였습니다.

근대 일본의 계몽 사상가 아닌가요?

맞습니다. 『장합지법(帳合之法)』이라는 회계 번역서에
서 그가 번역했던 차변과 대변이라는 용어가 지금까
지 그대로 쓰이고 있어요.

그렇군요! 그냥 왼쪽, 오른쪽이라고 했으면 훨씬 알기 쉬웠을 텐데!

 이미 쓰이고 있는 용어를 마음대로 바꿀 수 없었을 거예요. 그리고 당시 일본에서는 장부를 위아래로 나누었다고 해요. 요즘 장부처럼 좌우로 기록하지 않았던 거죠.

 차변과 대변이 '위'와 '아래'를 뜻한다면 더 헷갈렸겠네요.

 그렇죠? 아무튼 차변은 '왼쪽', 대변은 '오른쪽'이니 잊지 마세요!

부기의 기본②
차변과 대변은 항상 일치한다

☑ 분개할 때 차변과 대변은 항상 함께 기록한다.
☑ 차변과 대변의 합계는 반드시 일치한다.
☑ 돈을 구분하는 명칭을 계정과목이라고 한다.

차변과 대변은 어떨 때 등장하나요?

기본적으로 복식부기에서 '분개'할 때입니다.

참, 평소에 돈의 움직임을 계속 기록하는 것이 부기의 역할이었죠.

기억하고 계셨군요! 은행에서 1,000만 원을 빌렸다면 분개장에 다음과 같이 기록합니다.

은행에서 1,000만 원을 빌렸을 때의 분개

【차변】	【대변】
현금 1,000만 원	차입금 1,000만 원

 그리고 보니 가계부와는 달리 두 가지로 나누어 적는다고 하셨죠. '어휴, 귀찮아'라고 생각했던 게 떠올랐어요. 하하.

 이 부분이 회계를 이해하는 데 가장 중요한 대복이기도 해요. 거래의 '원인과 결과'라는 두 가지 측면을 동시에 기록한다는 점이 '복식'이라는 이름이 붙은 이유니까요.

 그 말은 즉, 거래를 왼쪽 차변과 오른쪽 대변에 각각 기록한다는 뜻인가요?

 맞습니다! 반드시 양쪽을 모두 기록해야 해요. 그리고 또 한 가지 철칙이 있어요. 차변의 합계와 대변의 합계는 반드시 일치해야 한다는 거예요. 차변은 '+1,000만 원'인데 대변은 '-1,000만 원'이 되는 일은 절대 있을 수 없어요.

 음, 큰돈을 한꺼번에 계산하려니 조금 헷갈리는 것
같기도 하고….

 그렇죠? 그래서 그 1,000만 원이 어떤 명목으로 쓰
였는지를 구분하는 작업이 중요한 거예요.
앞에서 설명한 내용을 다시 정리하자면, 거래를 기
록할 때 돈에 붙이는 명칭을 '계정과목'이라고 하고,
계정과목으로 분류하는 작업을 '분개'라고 합니다.
특정한 규칙에 따라 경제 거래를 기록하는 방법을
'부기'라고 해요.

 저처럼 경리 업무를 하지 않는 사람은 몰라도 되겠
죠?

 기왕 여기까지 공부했으니 분개의 기본도 함께 살펴
봅시다. 의외로 간단할 뿐 아니라 분개를 알면 분개
장과 총계정원장의 관계, 그리고 총계정원장과 재무
제표의 관계를 한꺼번에 이해할 수 있거든요.

결국 재무제표와 이어지는군요. 그럼 계속 공부해보
겠습니다!

더 알아보자!

왜 '부기'라고 할까?

부기는 왜 부기라고 할까요? 바로 '장부기입'의 약어입
니다.

부기의 기초 지식을 차근차근 배우자!

SECTION 3

부기의 기본③
계정과목에는 정위치가 있다

☑ 회계의 5요소 = 자산, 부채, 자본, 비용, 수익
☑ 모든 계정과목은 회계의 5요소 중 어느 한 군데에 속한다.
☑ 5요소에는 각각의 정위치가 있다.

그럼 분개의 기본을 설명하겠습니다. 회계에는 다양한 계정과목이 있는데 모든 계정과목에는 정위치가 있어요. 즉, 차변(왼쪽)과 대변(오른쪽)이 정해져 있죠. 더 자세히 설명해볼까요? 계정과목에는 현금, 자본금, 비유동자산, 여비교통비 등 다양한 종류가 있죠. 어떤 계정과목이든 반드시 회계의 5요소인 자산, 부채, 자본, 수익, 비용 중 어느 한 군데에 속합니다. 또 5요소에는 각각 정위치가 있어요.

B/S 항목의 정위치는 다음과 같습니다.

B/S

【차변】	【대변】
자산	부채
현금, 외상매출금, 상품, 토지, 건물, 권리, 비유동자산 등	외상매입금, 차입금 등
각 계정과목에는 정위치가 있다!	자본
	자본금, 법정준비금 등

다음은 P/L 항목의 정위치를 나타낸 표입니다.

P/L

【차변】	【대변】
비용	수익
손실	이익

 5요소에서 비용과 수익을 빼면 B/S의 구성 요소와 똑같군요.

부기의 기초 지식을 차근차근 배우자!

잘 알아보셨네요! B/S에서도 자산은 왼쪽, 부채와 자본은 오른쪽이었죠. 비용과 수익이 등장하는 재무제표가 P/L이고요.

 오오! 부기에서 B/S와 P/L이 만났네요!

 하지만 분개할 때는 B/S와 P/L을 의식하지 않습니다. 자산과 비용이 서로 짝이 될 수도 있죠. 경제 거래를 두 가지 측면에서 보고 각각의 계정과목이 5요소 중 어디에 속하는지 구분하여 기록하는 것이 부기의 기본이니까요.
아까는 은행에서 1,000만 원을 빌렸다고 가정했는데 이번에는 반대로 상환한 경우를 생각해보겠습니다.

 차변에 '현금 -1,000만 원', 대변에 '차입금 -1,000만 원'이라고 쓰면 될까요?

 아깝네요! 계정과목이 '증가'할 때는 정위치에 그대로 쓰면 되지만, 분개할 때는 마이너스 기호를 쓰지 않습니다. '감소'할 때는 정위치의 반대편에 쓰는 것이 규칙이에요.

이렇게 나타내면 되죠.

은행에 1,000만 원을 상환했을 때의 분개

【차변】	【대변】
차입금 1,000만 원	현금 1,000만 원

 왼쪽과 오른쪽을 바꾸기만 하면 되는군요.

 그렇습니다. 계정과목이 정위치의 반대편에 있을 때는 '마이너스'라고 생각하면 됩니다.

 그런데 차입금에는 이자도 있지 않나요?

 이자를 포함해서 상환했다면 다음과 같이 분개합니다. 이자는 비용에 해당하므로 정위치는 왼쪽이에요. 비용이 증가했으니 정위치 그대로 왼쪽에 쓰면 됩니다.

부기의 기초 지식을 차근차근 배우자!

은행에 이자 50만 원과 함께 1,000만 원을 상환했을 때의 분개

【차변】	【대변】
차입금 1,000만 원 이자　　　50만 원	현금 1,050만 원
↓ 1,050만 원	↓ 1,050만 원

합계가 일치한다!

 금액만 맞으면 계정과목 수가 2:1이 되어도 괜찮은 거군요.

 그렇습니다. 좌우의 합계가 일치하도록 기록하면 되니까 꼭 1:1일 필요는 없어요. 대변의 현금 1,050만 원을 각각 '1,000만 원'과 '50만 원'으로 나누어도 상관없고요.

 생각했던 것보다 훨씬 쉽네요!

 그렇죠?

SECTION

4

POINT
핵심
포인트 !

부기의 기본④
자주 쓰는 분개는 딱 열 가지!

☑ 분개의 패턴에는 총 스물다섯 가지가 있다.
☑ 그중에서 자주 쓰는 분개는 열 가지다.

 분개의 패턴에는 총 스물다섯 가지가 있는데 그중에서 자주 쓰는 분개는 열 가지 정도입니다.

 왜 하필 스물다섯 가지인가요?

 차변과 대변의 조합이에요.
차변에 올 가능성이 있는 계정과목은 정위치가 증가하는 '자산의 증가', '비용의 발생', 그다음 반대편 대변의 정위치가 감소하는 '부채의 감소', '자본의 감소', '수익의 감소' 등 다섯 가지입니다. 대변에는 '자산의 감소', '부채의 증가', '자본의 증가', '비용의 감소', '수익의 발생' 등 다섯 가지의 가능성이 있어요.

그래서 차변과 대변의 조합은 '다섯 가지×다섯 가지'로 총 스물다섯 가지라는 계산이 되죠.

이제 알겠어요.

그중에서도 자주 쓰는 분개는 다음 표에 정리한 열 가지 패턴입니다.

자주 쓰는 분개의 열 가지 패턴

	차변	대변	예
1	자산 + 현금과 예금	부채 + 차입금	은행에서 차입
2	자산 + 현금과 예금	자본 + 자본금	법인 설립 후 자본금 납입
3	자산 + 비유동자산	자산 − 현금과 예금	비유동자산 취득
4	자산 + 현금과 예금	수익 + 매출	상품 판매
5	비용 + 급여	자산 − 현금과 예금	급여 지급, 경비 지급
6	부채 − 차입금	자산 − 현금과 예금	차입금 상환
7	비용 + 매입	부채 + 외상매입금	외상으로 상품 매입
8	부채 − 외상매입금	부채 + 지급어음	어음을 발행하여 외상매입금 지급
9	부채 − 선수금	수익 + 매출	선수금 상쇄
10	자본 − 자기주식	자산 − 현금과 예금	자기주식 취득

저라면 네 번째 '상품 판매'와 다섯 번째 '경비 지급'만 해당하겠네요. 두 가지 패턴만 가지고 분개할 수 있다니 의외로 간단한데요?

맞아요, 정말 간단하죠. 예를 들어 택시 영수증을 경리부에 제출했을 때 어떻게 기록할까요?

음, 교통비는 비용이니까 정위치는 왼쪽이죠. 비용이 증가했으니까 그대로 왼쪽에 두고, 자산인 현금이 줄어드니까 정위치의 반대편에…. 다 됐어요!

택시비로 1만 원을 지출했을 때의 분개

【차변】	【대변】
여비교통비 1만 원	현금 1만 원

그런데 그냥 여비교통비를 '비용', 현금을 '자산'이라고 하면 안 되나요?

분개할 때는 반드시 계정과목을 써야 합니다. 매출이 발생했을 때 바로 현금이 들어오기도 하지만, 외상 거래를 할 때도 있죠. 어떤 형태의 자산인지 분류

부기의 기초 지식을 차근차근 배우자!

해두지 않으면 재무제표를 만들 수 없습니다.

그럼 경리부에서 분개할 때 '현금 수취, 현금은 자산, 자산의 정위치는 왼쪽', 이런 식으로 기록해나가겠군요.

그렇습니다. 분개할 때는 '거래에서 무엇이 움직이고 무엇이 바뀌었는가'를 정확히 나타내는 것이 중요해요.

차변과 대변이라는 단어가 재무제표에도 등장하나요?

보통은 등장하지 않지만…, 재무상태표의 다른 이름이 기억나나요?

아! '대차대조표'라는 이름도 있었죠!

맞아요. 대차대조표의 '대차'가 차변과 대변에서 온 거예요.

‘분개’는
기본 열 가지 패턴만
기억하면 된다!

부기의 기초 지식을 차근차근 배우자!

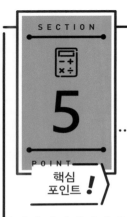

SECTION 5

POINT
핵심
포인트 !

부기의 기본⑤
시산표가 재무제표가 되기까지

☑ 시산표는 총계정원장을 바탕으로 만든다.
☑ 시산표는 분개가 올바르게 전기되었는지 확인하는 용도다.
☑ 매달 시산표를 만들어 확인하는 작업을 월차결산이라고 한다.
☑ 시산표의 윗부분이 B/S, 아랫부분이 P/L이 된다.

앞서 살펴본 분개의 흐름을 잠깐 복습해볼까요? 경
제 거래가 발생하면 분개장에 분개하고, 분개한 결
과는 차변과 대변으로 나누어서 총계정원장에 전기
(轉記)합니다.

잠깐, 전기가 뭔가요?

말 그대로 옮겨 적는 걸 말해요.
그렇게 만들어진 총계정원장을 바탕으로 기업에서
는 매달 시산표(T/B, Trial Balance)를 만듭니다. 시산표
는 임시 B/S나 P/L이라고 생각하면 돼요.
시산표를 만드는 가장 큰 목적은 '분개장에서 총계

정원장으로 전기하는 과정에서 오류가 없었는지'를 확인하는 것입니다. 또 시산표를 만들면 경영자는 그달의 재무와 손익의 상태를 파악할 수 있어요. 매달 시산표를 만들어 오류와 재무상태를 확인하는 작업을 '월차결산'이라고 합니다.

시산표는 외부에는 공개하지 않나요?

그렇습니다. 하지만 시산표를 만드는 과정을 알면 B/S와 P/L이 어떻게 만들어지는지 이해할 수 있어요. 내용도 간단합니다.
시산표는 총 세 가지 종류가 있습니다. 전부 만들어도 좋고 그중 일부만 만들어도 상관없어요. 가장 먼저 해야 할 일은 총계정원장에 쓰인 모든 계정의 차변 금액과 대변 금액을 집계하는 것입니다.

총계정원장에는 분류만 되어 있고 합계 금액은 나오지 않죠?

그렇습니다. 그렇게 만든 시산표를 '합계시산표'라고 해요. 이때 차변 금액과 대변 금액의 합계가 일치하는지 보고 오류나 빠진 부분이 없는지 확인합니다.

아이고 귀찮아! 그래서 일부러 왼쪽, 오른쪽 맞춰서
기록한 거 아닌가요?

수기로 작성하는 시대가 아니니 전기할 때의 오류는
많이 줄었지만, 분개장에 차변과 대변 중 하나를 빠
뜨리거나 숫자를 잘못 쓰는 일이 자주 있어요.
합계시산표 작성은 그런 오류를 찾아내는 단계입니다.

하긴 틀린 숫자를 입력하는 일도 종종 있죠.

합계시산표가 완성되면 차변과 대변 양쪽에 기재된
금액을 상계한 다음, 각 계정과목의 정위치에 잔액
을 기록합니다. 예를 들어 자산 항목이면 차변(왼쪽),
부채 항목이면 대변(오른쪽)에 적는 거죠.
이 과정을 거쳐 만드는 서류가 두 번째 '잔액시산표'
입니다.
마지막으로 합계시산표와 잔액시산표를 종합하여
'합계잔액시산표'를 만듭니다.

그렇게 세 가지 형태로 나누어지는군요!

최근에는 회계 프로그램을 사용하기 때문에 바로 합계잔액시산표를 만들어서 확인하면 끝이에요.
그래도 기왕 여기까지 공부했으니 한번 만들어볼까요? 다음에 제시한 표가 잔액시산표입니다.

잔액시산표

차변 잔액	계정과목	대변 잔액
3,000	현금	
20,000	외상매출금	
3,000	비품	
	외상매입금	9,000
	차입금	2,000
	자본금	5,000
	매출	20,000
9,000	매입	
800	급여	
200	지급이자	
36,000		36,000

재무제표랑 비슷한데요?

그렇죠? 자세히 보면 계정과목의 가장 위에 있는 '현

금'부터 '자본금'까지가 B/S에 들어가는 계정과목이
고 '매출'부터 '지급이자'까지가 P/L에 들어가는 계정
과목입니다. 보이시나요?

어, 정말 그렇네요!

그럼 잔액시산표를 B/S 항목과 P/L 항목으로 나누어
서(213쪽 표 ①) 각 금액을 그래프로 나타내보겠습니다.

어떤가요? 차변의 합계와 대변의 합계가 같으니까
그래프의 높이도 일치하죠?

어? 그런데 ②의 B/S는 좌우의 높이가 달라요. 왼쪽
자산이 더 큰데요?

눈치채셨군요!
그 차이가 바로 P/L 항목의 '수익과 비용의 차'입니
다. 수익에서 비용을 뺀 것이 P/L의 '순이익'이에요.
앞에서 순이익이 B/S의 이익잉여금과 더해져서 B/S
의 좌우가 균형을 이룬다고 설명했었죠. ③의 표를
보면 알기 쉬울 거예요.

잔액시산표가 B/S와 P/L이 되는 흐름

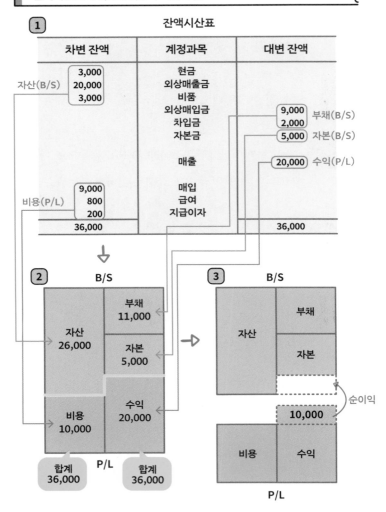

1 잔액시산표

차변 잔액	계정과목	대변 잔액
3,000 20,000 3,000	현금 외상매출금 비품 외상매입금 차입금 자본금 매출 매입 급여 지급이자	9,000 2,000 5,000 20,000
9,000 800 200		
36,000		36,000

자산(B/S)

비용(P/L)

부채(B/S)
자본(B/S)
수익(P/L)

2 B/S

자산 26,000	부채 11,000
	자본 5,000
비용 10,000	수익 20,000

합계 36,000   P/L   합계 36,000

3 B/S

자산	부채
	자본
	10,000

순이익

비용	수익

P/L

정말 P/L의 순이익이 B/S로 가서 균형을 이루네요!

 다만 시산표에는 비유동자산이나 감가상각비 같은 자세한 항목이 빠져 있기 때문에 재무제표를 만들 때 추가하는 작업이 필요합니다.
C/F를 작성할 때는 이 과정에서 현금의 변동 사항만 추리는 거예요. 현금의 움직임을 보는 게 목적이니까요.

 이제 이해됐어요. 경리부는 정말 중요한 일을 하는군요!

 여기까지 부기의 흐름을 살펴봤는데 이해되셨다니 정말 다행입니다!

잔액시산표를 거쳐
B/S와 P/L을 만든다!

SECTION
6

부기의 기본⑥
부기검정이란 어떤 자격증일까?

☑ 3급: 상업부기
☑ 2급: 상업부기+공업부기+연결회계
☑ 1급: 상업부기+공업부기+연결회계+C/F

부기검정은 어떤 자격증인가요?

그럼 대표적인 일상부기검정(日商簿記檢定)[1]에 대해 알아볼까요?

3급의 출제범위는 '상업부기'로 재무회계의 지식, 즉 분개의 기본, 총계정원장과 시산표 작성까지를 다룹니다.

2급에서는 난도가 높은 상업부기 지식과 이 책에서는 많이 다루지 않는 '공업부기'가 출제됩니다.

공업부기라는 것도 있군요.

2급 공업부기에서 다루는 내용은 원가계산, 공업부기를 위한 B/S와 P/L 작성법입니다. 거기에 연결회계라는 연결결산 방법도 추가되죠.

 그렇군요.

 1급에서는 상업부기와 공업부기 모두 난도가 높아지고 출제범위가 C/F까지 확장됩니다.

 현금흐름표가 1급에서 출제되는군요.

 그렇습니다. 1급을 취득하면 취업이나 이직에 상당히 유리해요.

 기왕 여기까지 배웠으니 자격증에 도전해볼까요? 지금부터 공부하면 합격할 수 있을까요?

 3급이라면 1주일 정도 집중해서 공부하면 가능성이 있어요. 2급이라면 3개월에서 반년쯤이라고 예상하면 됩니다. 자격증 전문 학원인 TAC에서 발표한 난이도 순위를 보면 일상부기검정 2급은 택지건물거래사, 통관사, 프라이빗뱅커, 미국 세무사, BATIC(국제회계검정) 등의 순위와 같아요.

온갖 분야에 자격증이 있네요?

그렇죠? 그리고 1급을 따려면 1년에서 2년은 투자해야 해요.
2급과의 차이가 커서 사회보험노무사, 미국 공인회계사, 행정서사, 중소기업진단사, 건축사 1급에 견줄 만한 난이도입니다.
경리의 프로가 되고 싶다는 강한 의지가 없다면 준비하기 힘들 거예요.

저는 그런 의지가 없으니 3급 정도로 만족해야겠네요.

대부분 대학교 재학 중에 3급을 따고 회사에서 실무 경험을 쌓으면서 차근차근 단계를 밟아갑니다.
만약 재학 중에 부기 검정 1급을 딸 각오가 돼 있다면 차라리

부기의 기초 지식을 차근차근 배우자!

돈의 전문가인 공인회계사로 목표를 바꾸어도 좋을 거예요.

미래를 위한 투자,
배우는 비용을 감가상각의
개념으로 바라보기

일본 자격증 전문 학원의 공인회계사 과정은 등록금이 800만 원 정도입니다. 그런데 유튜브를 하다 보면 800만 원은 너무 비싸다는 상담을 많이 받습니다. 비싼 학비는 낭비일까요? 아니면 투자일까요?

저는 '투자'라고 생각합니다.

대학생 시절 학비를 벌기 위해 아르바이트를 하고 학자금 대출까지 받으며 돈에 쫓기듯 살았던 저는 공인회계사 자격증을 취득하기 위해 자격증 전문 학원에도 다녔습니다. 돈과 시간은 유한하므로 단기에 승부를 봐야겠다고 생각하여 TV를 버렸고, 동아리 활동이나 소개팅과도 거리를 두며 자는 시간 이외에는 공부에만 전념했습니다. 큰돈을 투자한 만큼 꼭 따고야 말겠다며 각오를 다졌죠.

물론 대학생 때를 기준으로 생각하면 비싼 학비입니다. 하지만 학원 등록금 800만 원을 회계 사고로 다시 생각해보면 '800만 원의 감가상각 자산'에 투자한 것과 마찬가지입니다.

그 덕분에 저는 공인회계사가 되었고 학원의 '가난한 학생'에서 '가르치는 강사'가 되었습니다. 또 투자한 금액을 훨씬 뛰어넘는 경제적 이익을 얻었습니다.

공인회계사 자격증을 취득하여 10년 동안 일한다고 가정해볼까요? 800만 원을 투자한 효과가 10년에 걸쳐 지속되는 셈

이니, 감가상각을 하면 '800만 원÷10년'으로 연간 80만 원에 불과합니다.

일본 공인회계사의 첫 연봉은 5,000만 원 정도입니다. 10년 차가 되면 8,000만~1억 원 수준이니까 일본 직장인의 평균 연수입과 비교해도 투자액은 충분히 회수하고도 남습니다.

그래도 아깝다는 생각이 든다면 1년 치인 80만 원을 12개월로 나누어볼까요? 그러면 한 달에 6만 6,000원이 됩니다. 하루로 치면 2,200원꼴이니 음료수나 과자를 산 셈이라고도 할 수 있죠.

10년 동안 얻게 될 효과를 생각하지 않고 지금 당장 돈이 사라지는 데에만 주목하는 것은 근시안적 시야입니다. 단식부기의 현금주의와도 비슷하지요. 돈과 시간에는 적절한 사용법이 있습니다. 회계 사고를 사용해 눈앞의 800만 원을 투자하면 어떤 이익을 얻을 수 있는지 생각한 뒤 실행 여부를 고민해보면 좋겠습니다.

수입원을 늘리고 싶다면 전문가가 되라!

"수입을 늘리고 싶다면 파이프라인을 늘려라"라는 말을 종종 접합니다. 여기서 파이프라인이란 '수입원'을 뜻하는 말입니다.

수입원을 늘리기 전에 한 가지 전제 조건이 있습니다. 바로 현재 본업에서 '안정적인 수입'을 얻는 것입니다. 성과를 내지 못한 채로 이것저것 손대지 말고 어느 한 분야에서 독립할 수 있는 능력을 갖춰야 합니다.

멀티 크리에이터로 활약하는 이들에게는 '특출한 기술'이 한 가지씩은 있습니다. 다양한 분야에 조금씩 발을 담그다 보면 팔방미인이 될 수는 있겠지만 시간 낭비로 끝날 수도 있습니다.

저 역시 강점인 회계 지식을 기반으로 사업을 확대했습니다. 그 과정에서 유의한 점은 먼저 '작업자'로서 성과를 낸 다음, '교육자'로서 가르치는 일에 힘쓰고, 학생들이 성장한 다음

'경영자'로서 최선을 다하는 것이었습니다. 회계로 비유하자면 ① 플로에 집중 → ② 현금흐름의 흑자 전환에 집중 → ③ 스톡에 집중, 그런 다음 또다시 ①부터 시작해 새로운 사업의 플로에 집중한 것입니다.

시간은 유한하고 혼자 할 수 있는 일에는 한계가 있지만, 경영자가 되면 여러 사람의 시간과 재능을 빌려 쓸 수 있습니다.

무엇보다 '시작한 일을 궤도에 올리는 것'이 중요하므로 처음에는 한 가지에만 집중하는 편이 좋습니다. 지금 직장에 다니고 있다면 부업을 하나 추가하는 식으로 시작해보면 어떨까요?

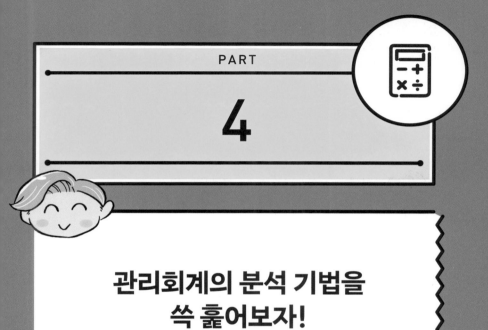

PART

4

관리회계의 분석 기법을
쓱 훑어보자!

SECTION

1

POINT
핵심
포인트 !

경영 개선을 위한
분석 기법을 알아보자!

☑ 관리회계의 용도는 원가계산, 재무분석, 예산관리,
  원가관리 등으로 다양하다.
☑ 재무분석을 통해 수익성, 안정성, 성장성, 생산성, 효율성
  등을 확인한다.
☑ 관리회계는 초등학교 수준의 수학만 알면 충분하다.

 이제 관리회계로 넘어가겠습니다. 먼저 관리회계가
태어난 배경부터 설명할게요.

재무회계의 목적은 기업의 다양한 숫자를 재무제표
로 만들어 외부에 보고하는 것이었죠. 재무제표가
생긴 덕분에 주먹구구식으로 관리하던 때보다 기업
의 실태를 파악하기가 훨씬 편리해졌습니다.

 맞아요. 재무제표의 숫자가 기업의 내부 사정을 반
영하니까요!

 하지만 기업의 규모가 커지고 사업이 복잡해지면서
더 효율적인 경영 방식, 투자에 적합한 기업을 찾는

관리회계의 분석 기법을 쓱 훑어보자!

방법이 필요해졌습니다.

사람의 욕심은 끝이 없군요. 재무제표의 숫자만으로는 부족한 건가요?

그렇습니다. 그래서 똑똑한 사람들이 모여 기업의 숫자를 분석하는 기법을 고안하기 시작했어요. '재무제표의 이 숫자를 이 숫자와 나누면 기업의 이런 경향을 알 수 있지 않을까?' 하고요.

체계화된 재무회계와 달리 관리회계는 여럿이 고안한 분석 기법의 총칭입니다.

관리회계의 용도는 크게 원가계산, 재무분석, 예산관리, 원가관리로 나누어지는데 특히 중요한 부분이 '재무분석'이에요.

분석이라…, 영 자신이 없는데요.

어렵게 생각할 필요 없습니다. 재무제표의 숫자를 정해진 계산식에 대입해서 경영 실태를 드러내고, 미래를 내다보기 위한 도구라고 생각하면 됩니다.

경영 실태를 드러낸다고요?

재무제표가 시험에서 측정한 학력을 객관적인 숫자로 나타낸 서류라면, 재무분석은 자주 틀리는 문제 유형이나 강점 등을 분석한 자료입니다.

그런 비유를 들으니 조금은 쉬울 것 같네요.

재무분석을 이용하면 수익성, 안정성, 성장성, 생산성, 효율성이라는 다섯 가지 관점에서 기업을 알아볼 수 있어요.
관리회계를 주로 사용하는 이들은 사업상 중요한 결정을 해야 하는 경영자, 경영 컨설턴트, 돈을 빌려주는 은행, 투자자입니다.

어? 저하고는 먼 이야기 같은데요.

경영에 조금이라도 관심이 있다면 배워서 손해 볼 것 없어요! 이번에는 관리회계의 기본인 재무분석을 중심으로 기초적인 기법을 몇 가지 소개하겠습니다.

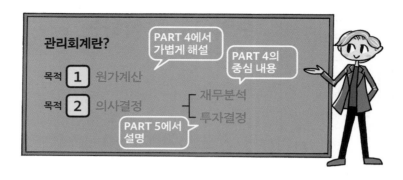

수익성을 분석하는
다양한 방법

☑ 매출액이익률은 기업의 수익성을 간단히 확인하는 방법이다.
☑ 매출액이익률은 크게 네 가지로 구분한다. 매출총이익률도 그중 하나다.
☑ 기업의 종합적인 수익성을 확인할 때는 ROE나 ROA를 이용한다.

수익 창출이 기업 유지에 필수인 만큼 기업의 수익력을 나타내는 '수익성 분석'은 경영자와 투자자 모두에게 중요한 지표입니다.

수익성을 분석하는 방법은 아주 다양한데 그중에서도 이해하기 쉬운 것부터 소개하겠습니다.

'매출액이익률'은 수익성 지수의 총칭으로 P/L의 주요한 이익을 매출액으로 나눈 비율이에요.

매출액이익률은 크게 네 가지로 구분하는데, 분모는 모두 '매출액'이고 분자에는 각각 '매출총이익', '영업이익', '경상이익', '당기순이익'을 대입합니다.

관리회계의 분석 기법을 쓱 훑어보자!

'매출액이익률'의 종류

①매출총이익률(마진율) $= \dfrac{\text{매출총이익}}{\text{매출액}}$

②매출액영업이익률 $= \dfrac{\text{영업이익}}{\text{매출액}}$

③매출액경상이익률 $= \dfrac{\text{경상이익}}{\text{매출액}}$

④매출액순이익률 $= \dfrac{\text{당기순이익}}{\text{매출액}}$

PART 2에서 배웠던 '마진율'도 여기에 해당하나요?

그렇습니다. '매출총이익률'이라고도 하죠. 마찬가지로 매출액에 대한 '영업이익이 몇 퍼센트인가?', '경상이익이 몇 퍼센트인가?', '당기순이익이 몇 퍼센트인가?'를 계산하면 회사의 수익성을 파악할 수 있어요.

매출총이익률은 업계마다 조금씩 다르다고 하셨죠?

맞아요. 그래서 숫자만 가지고 결론을 내리는 게 아니라 경쟁사, 업계 평균과 비교하거나 시간의 흐름에 따른 변화를 확인하는 식으로 활용합니다.

비교하는 게 중요하군요.

 매출액이익률은 P/L만 반영된 표면적인 지표입니다. 전문 투자자는 회사가 B/S 요소를 얼마나 효율적으로 활용해 이익을 내는지 궁금해하죠. 종합적인 수익력이라고도 할 수 있겠네요.

 종합적인 수익력이요?

 이를 '자본이익률'이라고 합니다. '얼마만큼의 자본을 투자해서(B/S), 얼마만큼의 수익을 올렸는가(P/L)'를 확인하는 지표예요.

 자본이익률이 궁금한 투자자들은 어떻게 하나요?

 주로 '자기자본이익률(ROE, Return On Equity)'이라는 지표를 사용합니다. ROE가 낮으면 주주들이 경영자에게 퇴진을 요구하기도 할 정도로 중요한 숫자예요.

ROE

$$\frac{당기순이익}{자기자본}$$

 경영자의 압박이 느껴지네요.

관리회계의 분석 기법을 쓱 훑어보자!

계산식은 아주 간단합니다. 당기순이익을 자기자본으로 나누기만 하면 돼요. 기업에 투자된 자본금이 얼마나 수익을 내는지 나타내는 지표인데, 엄밀히 따지면 자기자본 중에서도 '주주자본'을 가리키죠.

 그렇군요.

 비슷한 지표 중에 '총자산이익률(ROA, Return On Assets)'도 있습니다. 당기순이익을 총자산(총자본)으로 나눈 비율을 말해요.
ROE와 ROA는 조금 있다가 자세히 설명하겠습니다.

ROA

$$\frac{당기순이익}{총자산}$$

ROE	ROA
'자본을 제공하는' 주주 관점의 수익	**'자본을 이용하는' 기업 관점의 수익**
주주 → 이익	이익 ← 기업
자본을 제공하는 주주	자본을 이용하는 기업

ROA와 ROE의 관계

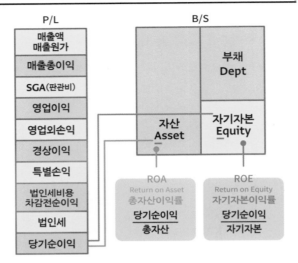

관리회계의 분석 기법을 쓱 훑어보자!

기업의 안정성을 나타내는 자기자본비율

☑ 자기자본비율 = 자기자본÷총자본
☑ B/S의 오른쪽 전체에서 자기자본이 차지하는 비율
☑ '40% 이상'이 안정성의 기준
☑ 단, 부채가 꼭 나쁜 것은 아니다.

 먼저 재무분석의 기본부터 설명하겠습니다. 기업의 안정성을 알아볼 때 '자기자본비율'이라는 지표가 자주 쓰여요.

 안정성? 구체적으로 어떤 걸 말하나요?

 회계에서 말하는 '안정성'이란 '도산할 위험이 적다' 라는 뜻이죠.

 자기자본비율로 도산 위험을 파악하는 거군요.

 아주 유명한 지표예요. 자기자본비율은 '기업이 가

진 자산 중에 상환 의무가 없는 돈이 몇 퍼센트를 차
지하는가'를 뜻해요. 자기자본을 총자본으로 나누면
되죠.

헷갈리네요. 총자본이 뭐였드라….

B/S의 오른쪽은 '부채(타인자본)'와 '자본(자기자본)'으로
나누어져 있었죠? '총자본'은 그 합계입니다. 자기자
본비율은 '총자본 중에 자기
자본이 몇 퍼센트를 차지하
는가'를 알아보는 지표예요.
어렵지 않죠?

자기자본비율

$$\frac{자기자본}{총자본}$$

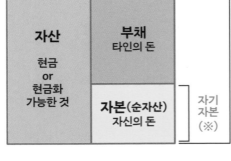

일반적으로 자기자본비율은 40~50%가 적당하다고 봅니다. '갚아야 할 돈이 60%를 넘으면 안정성이 작다'라고 판단할 수 있죠.

그럼 40%보다 낮으면 도산하나요?

꼭 그렇지도 않습니다.

소프트뱅크의 자기자본비율은 15~20%인데 오히려 승승장구하고 있죠. 회사는 성장 단계에 따라 거액의 차입이 필요할 때가 있습니다. 그러므로 '중장기적인 안정성을 보는 하나의 지표'로 생각하면 됩니다.

자기자본비율이 60%여도 도산하는 회사는 도산하기 마련이고요.

저도 경험했지만, 웬만해선 빚을 지지 않는 편이 좋겠더라고요.

회사는 꼭 그렇지만도 않아요. 진퇴양난에 빠져 돈을 빌리는 '수비적 차입'과 빠른 성장을 위한 '공격적 차입'이 있거든요.

공격적 차입이요?

구체적으로 표현하자면 '시간'을 사기 위한 차입이에요. 게임 할 때 레벨을 빨리 올리려고 돈을 내거나 광고를 보는 시간이 아까워서 유튜브 프리미엄 회원이 되는 것도 모두 시간을 사는 행위죠.

개인은 물론 회사에도 시간은 '귀중한 자산'입니다. 사업을 확장하는 데 공장 건설비 1,000억 원이 필요하다고 가정해보겠습니다. 차입을 하지 않으려면 매년 이익의 일부를 차곡차곡 저축해야 하죠. 그렇게 10년에 걸쳐 1,000억 원을 모았다고 생각해보세요. 10년이 지나면 시장이나 경제 상황이 크게 바뀌어 있을 테니, 애써 공장을 세워도 사업의 성공을 보장하기 힘들겠죠.

눈 깜짝할 사이에 유행이 바뀌기도 하니까요.

한편 차입을 잘 활용하는 회사는 '지금이다!'라고 판단한 타이밍에 공장을 세울 수 있습니다.

물론 이자도 내야 하고 사업이 실패할 위험도 있습니다. 하지만 '10년 동안 기다리는' 과정이 생략되었으니 이자만큼 시간과 속도를 산 셈이죠.

 '시간을 산다'라…. 눈치 빠른 경영자는 판단하는 속
도도 빠르겠네요.

 대표적인 예가 아까도 소개한 소프트뱅크입니다. 통
신회사 보다폰과 스프린트를 매수할 때 각각 약 18
조 원, 반도체 기업 ARM홀딩스를 매수할 때 33조
원을 차입했어요.

 33조 원이요? 국가 예산과 맞먹는 규모 아닌가요?

 평범한 경영자라면 겁먹을 규모지만 손정의 회장은
일류 경영자니만큼 매수로 얻게 될 이익과 이자를 비
교해 과감한 결정을 한 거겠죠. 소프트뱅크는 ARM

홀딩스를 2020년에 약 42조 원에 매각했습니다.

9조 원의 차익을 얻었군요. 엄청난 규모인데요!

그러니 꼭 차입이 나쁘다고는 할 수 없어요. 어떻게 활용하느냐에서 경영자의 경영 감각이 드러납니다.

> **더 알아보자!**
>
> ### '유동비율'로는 안정성을 파악하는 데 한계가 있다?
>
> '유동비율'은 기업의 단기 재무 안정성을 판단할 수 있는 지표입니다.
> '유동자산÷유동부채 = 200%'를 안정성의 기준으로 보는데, '여유 자산을 부채의 2배 이상 보유하고 있다면 차입금을 갚을 능력이 있다'라고 판단되기 때문입니다. 여러 매체에서 유동비율이 200% 이상인 기업의 주식을 추천하는 이유이기도 하지요.
> 하지만 안정성만 따져서 거액의 현금을 잠재워두는 기업은 투자처로서의 매력이 떨어집니다. 사업을 확장하고자 하는 의욕이 있어야 배당도 기대할 수 있으니까요.
>
> **B/S**
>
> | ① 유동
자산 | ② 유동
부채 |
> |---|---|
> | | |

SECTION 4

자금의 여유를 나타내는 잉여현금흐름(FCF)

POINT
핵심
포인트 !

☑ 잉여현금흐름은 C/F의 영업활동 현금흐름과 투자활동
　현금흐름을 합한 금액
☑ FCF가 플러스냐 아니냐는 아주 중요한 지표다.
☑ FCF가 플러스인 기업은 차입금을 상환하고도 투자할 여유가 있다.

현금흐름표(C/F)를 사용해 기업의 수익성과 안정성
을 판단할 수 있는 간단한 재무분석 방법을 소개하
겠습니다.

오오! 어서 알려주세요!

PART 2에서 C/F에는 영업활동 현금흐름, 투자활동
현금흐름, 재무활동 현금흐름이 있다고 했죠? 이 중
에서 영업활동 현금흐름과 투자활동 현금흐름을 합
한 것을 '잉여현금흐름(Free Cash Flow)'이라고 합니다.
줄여서 'FCF'라고 해요.
FCF가 플러스냐 아니냐는 아주 중요한 지표입니다.

영업활동 현금흐름과 투자활동 현금흐름을 더해서 플러스? 그게 왜 중요한가요?

FCF가 플러스라는 건 본업에서 벌어들인 돈을 투자에 돌리고도 자유롭게 쓸 수 있는 현금이 수중에 남아 있다는 뜻이에요. 재무제표에서 가장 중요한 숫자라고 해도 과언이 아닙니다.

가계부에 비유하면, 매달 급여에서 생활비를 제하고 도서 구매나 자기계발에 투자하고 난 뒤에도 아직 돈이 남아 있는 상태죠.

이렇게 부러울 수가!

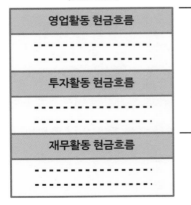

C/F
(현금흐름표)

| 영업활동 현금흐름 |
| 투자활동 현금흐름 |
| 재무활동 현금흐름 |

이 둘을 더한 것이 잉여현금흐름 (FCF)

관리회계의 분석 기법을 쓱 훑어보자!

앞서 설명한 C/F의 여섯 가지 단계를 떠올려볼까요? 가장 이상적인 유형은 '영업활동 현금흐름 +, 투자활동 현금흐름 -, 재무활동 현금흐름 -'의 형태였죠. 본업에서 수익이 발생하고 적극적으로 투자하고 있으며 차입금도 상환하고 있는 상태예요.

그야말로 이상적인 상태죠.

FCF는 영업활동과 투자활동 현금흐름을 합산한 수치입니다. 영업활동 현금흐름이 +100억 원이고 투자활동 현금흐름이 -70억 원이라면 FCF는 +30억 원이에요.

이 30억 원 덕분에 재무활동 현금흐름을 마이너스로 만들 수 있습니다. 즉 차입금을 상환할 여유가 생긴다는 뜻이에요. 다른 투자를 더 할 수도 있고요.

하긴 영업활동 현금흐름이 플러스라도 그 이상의 현금을 투자에 사용하면 FCF는 마이너스가 되겠군요.

제대로 이해하셨네요. 보유한 현금이 점점 바닥나면 운전자금이나 투자에 필요한 돈을 새로 차입해야 합니다. 그것이 ②의 '영업활동 현금흐름 +, 투자활동 현금흐름 -, 재무활동 현금흐름 +'인 유형이었죠(165쪽 도표 참조).

 얼마나 투자할지도 신중히 결정해야겠네요.

 채권자에게 FCF는 기업의 안정적인 경영과 채무 상환 능력을 확인할 수 있는 중요한 지표입니다.
또 투자자가 투자 판단을 할 때도 유용해요. FCF가 플러스라면 주주에게 배당할 몫이 남았다는 뜻이니까요. 한창 성장 중인 기업이라면 투자를 더 진행할 가능성이 있다고도 볼 수 있습니다.

 우량한 투자처를 고를 때 도움이 되겠군요.

 FCF의 역할은 또 있어요.
기업을 매수할 때 그 기업이 창출할 '미래가치'를 측정하는 데에도 쓰입니다. 자세한 내용은 PART 5에서 설명할게요.

 FCF는 정말 편리하네요! 꼭 외워두어야겠어요.

FCF는 재무분석의 중요한 열쇠이지만 재무제표에
는 쓰여 있지 않습니다. 더하기만 하면 되니까 직접
계산해서 확인해보세요!

잉여현금흐름(FCF)을 확인하자!

현금흐름표(C/F)의 '영업활동 현금흐름'과
'투자활동 현금흐름'을 더한 것.
이 수치가 플러스인 기업은 우수하다고 판단할 수 있다.

ROE는 세 가지 요소로
인수분해 하라!

☑ ROE와 ROA는 기업의 종합적 수익성을 나타낸다.
☑ ROE = 당기순이익÷자기자본×100
☑ ROA = 당기순이익÷총자산×100

 이번에는 ROE에 대해 자세히 알아볼게요.

ROE를 구하는 식은 '당기순이익÷자기자본'이었죠.

이 계산식은 세 가지 요소로 인수분해 할 수 있습니다.

ROE를 구하는 식

$$ROE = \frac{당기순이익}{자기자본}$$

$$= \frac{당기순이익}{매출액} \times \frac{매출액}{총자산} \times \frac{총자산}{자기자본}$$

 어…? 갑자기 확 늘어났어요!

일부러 증식시킨 것이니 놀라지 마세요. ROE를 높이려면 어디에 집중해야 하는지, ROE의 구성 요소가 무엇인지 고민한 결과 ROE를 세 가지 요소로 인수분해 한 분석법이 탄생했어요.

상쇄하면 ROE의 계산식과 일치하긴 하네요.

세 가지 요소는 각각 ① 매출액순이익률, ② 총자산회전율, ③ 재무 레버리지입니다. 처음 고안한 세계적인 화학회사의 이름을 따서 '듀폰 분석'이라고도 불러요. 간단히 설명하면 '이 세 가지 비율 중 하나가 높아졌을 때 ROE도 높아진다'라는 개념입니다. ②와 ③이 같은 수치일 때 ①이 2배가 된다면 ROE도 2배가 되겠죠.

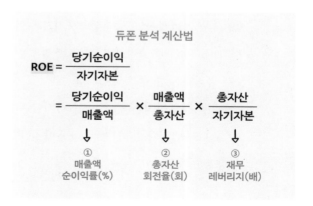

그럼 하나씩 살펴볼까요?

① 매출액순이익률은 당기순이익을 매출액으로 나
눈 것입니다. SECTION 2에서 설명했던 매출액이익
률의 하나죠. 높은 이익률은 '사업의 부가가치'를 나
타내는 지표입니다.

정말 그렇네요.

② 총자산회전율은 '회사가 보유한 총자산이 매출 발
생에 몇 회 이바지했는가'를 보여주는 지표입니다.
자산은 현금, 토지, 기계 등을 뜻해요. 보유한 자산
을 잘 활용했다면 회전율이 올라가고, 묵혀두고 있
다면 회전율이 떨어집니다. 총자산의 효율성을 측정
하는 중요한 지표예요.

③ 재무 레버리지는 '총자산÷자기자본'인데 '총자산
(B/S의 왼쪽 합계) = 총자본(B/S의 오른쪽 합계)'이므로 '총자
본÷자기자본'과 같은 뜻이에요.

즉 재무 레버리지는 '총자산이 자기자본의 몇 배인
가'를 나타냅니다. 타인자본 사용이 ROE의 증감에
영향을 미치죠.

관리회계의 분석 기법을 쓱 훑어보자!

어? 자기자본비율과 똑같지 않나요?

 자기자본비율을 구하는 식에서 분자와 분모를 바꾼 역수 관계예요.

총자산이 100억 원이고 자기자본이 20억 원일 때 자기자본비율은 20%, 재무 레버리지는 5배가 됩니다.

 '레버리지'가 뭔가요?

 재무 레버리지는 타인자본을 '지렛대' 삼아 ROE를 높이는 효과를 말해요. 차입이 많을수록 총자본, 나아가 총자산이 불어나죠. 총자산이 불어날수록 재무 레버리지도 커집니다.

재무 레버리지가 너무 커도 재무상태가 악화하고, 너무 낮아도 레버리지 활용 능력이 나쁘다고 판단되므로 적정선을 찾긴 어려워요.

 그렇군요.

 세 가지 요소 중에 특히 중요한 것이 ① 매출액순이익률과 ② 총자산회전율입니다. 이 수치가 높을수록 자산을 잘 활용해서 이익을 창출하고 있다는 뜻이니까요.

사실 ①과 ②를 합한 지표가 ROA입니다. 계산식은 '당기순이익÷총자산'이죠.

아, 그동안 배운 게 여기 다 녹아 있네요!

어렵지 않죠? ROE와 ROA는 함께 확인하는 게 좋습니다. ROA는 낮은데 ROE만 높은 경우, 재무 레버리지로 끌어올린 '눈속임식 ROE'일 가능성도 있습니다.

기업의 성장성을
알아보자!

☑ 매출액 증가율과 총자산 증가율은 대표적인 성장성 지표다.
☑ 증가율이란 당기 증가액을 전기 총액으로 나눈 것
☑ 증가율 100%란 2배를 뜻한다.

 다음으로 회사의 성장성을 알아보는 방법입니다. 성
장성을 보면 경영자의 사업 수완이 어느 정도인지를
알 수 있죠.
경영자에게 요구되는 것 중 하나가 이익 창출입니다.
비용을 절감해서 이익률을 높이는 것도 중요하지만
한계가 있죠. 그래서 '회사의 규모를 확대하는 성장
성'이 중요한 지표가 됩니다.

 절약하기보다 많이 벌라는 뜻이군요. 어떤 지표가
성장성을 나타내나요?

 관리회계에서는 매출액의 증가율을 나타내는 ① 매

출액 증가율, 총자산의 증가율을 나타내는 ②총자산 증가율을 주로 사용해요. 두 가지 모두 당기 증가액을 전기 총액으로 나누어서 구합니다.

회사의 성장성을 알아보는 기초적인 지표

$$① \text{ 매출액 증가율(\%)} = \frac{(당기매출액 - 전기매출액)}{전기매출액} \times 100$$

$$② \text{ 총자산 증가율(\%)} = \frac{(당기총자산 - 전기총자산)}{전기총자산} \times 100$$

 조금 더 구체적으로 설명해주세요.

 그럼 ① 매출액 증가율부터 계산해볼까요?
전기매출액이 100억 원, 당기매출액이 120억 원이라면 매출액 증가율은 '(120억 원-100억 원)÷100억 원', 즉 '20억 원÷100억 원'으로 0.2입니다. 100을 곱하면 20%가 되죠. '전기매출액의 20%가 증가했다'라는 뜻입니다.
② 총자산 증가율도 마찬가지입니다. 전기총자산이 1,000억 원이고 당기에 100억 원이 증가했다면 '100억 원÷1,000억 원'으로 0.1, 즉 10%가 되죠.

전기매출액 100억 원, 전기총자산 1,000억 원,
당기매출액 120억 원, 당기총자산 1,100억 원일 때

① 매출액 증가율 = $\dfrac{(120억\ 원-100억\ 원)}{100억\ 원} \times 100 = 20\%$

② 총자산 증가율 = $\dfrac{(1,100억\ 원-1,000억\ 원)}{1,000억\ 원} \times 100 = 10\%$

 단순히 올해의 숫자를 작년의 숫자로 나누기만 하면
되는 줄 알았어요.

 좋은 지적이네요! 자주 틀리는 부분이에요.
매출액 증가율 90%는 전년 대비 매출액이 2배 가까
이 증가했다는 뜻인데, 10% 감소라고 착각하는 사
람이 가끔 있거든요. 증가율이란 말 그대로 '증가한
비율'입니다.

 그럼 증가율이 높으면 높을수록 좋겠네요.

 좋긴 하지만 주의점도 있습니다. 총자산의 증가가
단순히 차입금 증가인 경우도 있거든요.

하, 여기에도 이면이 있군요.

 매출액이 갑자기 늘어난 기업은 직원을 대량으로 채용하거나 제도를 정비하는 과정에서 혼란에 빠지기 쉽습니다. 급격한 변화 속에서 단단했던 조직이 무너지기도 하죠. 그러므로 다양한 지표를 참고하면서 종합적으로 판단해야 합니다. 관리회계의 어떤 지표를 이용하든 마찬가지예요.

 결혼 상대를 찾을 때와 비슷하네요. 겉모습만 보고 판단했다간 큰코다치죠.

 맞아요. 성장성을 확인할 때 또 한 가지 중요한 것이 '산업 평균과의 비교'입니다.
예컨대 라면 붐이 일어서 매출액 증가율이 20%를 기록해도 업계 전체의 매출액 증가율이 30%라면 흐름을 타지 못했다는 뜻이 될 테니까요.

 예전에 수학 시험 점수 평균이 80점인 줄도 모르고 70점 맞았다고 속으로 기뻐했던 슬픈 추억이 떠오르네요. 그런데 다른 성장성 지표도 있나요?

종업원 증가율, 고객 증가율 등 다양한 지표가 있습니다. 지금은 재무제표를 이용한 분석법만 소개할게요.

회사의 성장성을 나타내는 다양한 지표

영업이익 증가율

$$\frac{(당기영업이익-전기영업이익)}{전기영업이익} \times 100$$

경상이익 증가율

$$\frac{(당기경상이익-전기경상이익)}{전기경상이익} \times 100$$

순이익 증가율

$$\frac{(당기순이익-전기순이익)}{전기순이익} \times 100$$

자기자본 증가율

$$\frac{(당기자기자본-전기자기자본)}{전기자기자본} \times 100$$

SECTION

7

POINT
핵심
포인트 **!**

손익분기점과
CVP 분석

- ☑ 손익분기점이란 이익이 0이 되는 지점을 말한다.
- ☑ 모든 원가는 고정비와 변동비로 분해된다.
- ☑ 손익분기점을 구하는 계산식이 따로 있다.
- ☑ 회사 전체의 손익분기점도 계산할 수 있다.

 재무분석의 기본 기법을 알아봤으니 경영자나 투자
자가 자주 쓰는 관리회계 분석법을 소개하겠습니다.

 유용한 방법을 가르쳐주세요!

 아주 실용적인 분석법을 알려드릴게요. 바로 '손익
분기점 분석'입니다. 한마디로 매출액이 총비용과
일치하게 되는 판매량을 계산하는 방법이에요. '원
가-조업도-이익(CVP, Cost-Volume-Profit) 분석', 줄여서
'CVP 분석'이라고도 합니다.

 손익분기점이라는 말은 들어본 적 있어요.

관리회계의 분석 기법을 쏙 훑어보자!

왜 손익분기점이 중요한지 아시나요?

회사 운영에는 매출과 상관없이 고정비가 들기 때문에 비용 충당에 필요한 최저한의 매출을 만들어야 합니다. 하지만 최저한의 매출이 얼마인지 알아야 계획을 세울 수 있겠죠.

 들어오는 돈과 나가는 돈이 똑같아지는 지점이 손익분기점이죠?

 맞습니다. 손익분기점은 '사업의 흑자와 적자가 결정되는 갈림길'이에요. 손익분기점의 단위는 매출액입니다. 매출액은 '판매가×판매량'으로 계산할 수 있어요.

손익분기점을 알고 있고 판매가도 결정됐다면 '몇 개를 팔아야 하는지' 알 수 있습니다. 반대로 상품 개수에 한계가 있다면 최저한의 이익이 발생하는 판매

가도 계산할 수 있겠죠.

기준이 생긴다는 말이군요. 어떻게 계산하면 되나요?

CVP 분석을 하려면 먼저 재무제표의 숫자를 다시 집계해야 합니다. 재무제표에 적힌 숫자만 가지고 바로 계산할 순 없거든요.

품을 들여야 한다는 말이군요. 맛있는 요리와 똑같네요.

맞습니다. 전체 비용을 매출에 비례하는 '변동비'와 비례하지 않는 '고정비'로 나누는 작업이 필요해요.

어? P/L에서 이미 매출원가(변동비)와 판관비(고정비)로 나누지 않았나요?

좋은 지적입니다! 매출원가는 변동비이지만 문제는 판관비예요.

앞서 설명했듯이 P/L은 회계기준에 따라 만들기 때문에 업종마다 판관비로 취급하는 계정과목이 정해져 있지만, 관리회계에는 통일된 규칙이 없고 회사마다 방식이 다르거든요. 현실에 가까운 형태가 되게끔 각 회사가 재량껏 변동비와 고정비로 나누는 거죠.

재무회계에서는 판관비로 처리하지만 관리회계에서 변동비로 처리하는 계정과목은 어떤 게 있나요?

광고선전비의 일부, 상품 출하와 관련된 운반비, 성수기에 고용한 인력의 잡비 등 여러 가지가 있어요. 매출에 따라 변동하는 점포 임대료도 여기 해당하고요.

무엇을 변동비로 취급할지는 회사마다 다른가요?

모두 다르고 양식도 자유입니다. 정해진 답이 없거든요. 일단 계산해보면서 조금씩 다듬어가기도 해요.

규칙을 자유롭게 정해도 된다니 딱딱한 회계에도 의외로 자유로운 면이 있군요.

맞아요. 일단 고정비와 변동비를 분류한 다음 매출

액에서 변동비를 뺀 금액을 '한계이익'이라고 해요. 변동비와 한계이익을 더한 것이 매출액이라고 생각해도 됩니다. 이 한계이익에서 고정비를 빼고 남은 것이 순이익이에요.

한계이익은 다른 이름으로 '공헌이익'이라고 합니다. '고정비를 회수하는 데 공헌하는 이익'이라는 뜻이죠. 이 관계를 꼭 알아두세요.

한계이익
(공헌이익)   = 매출액-변동비
↓
고정비+이익

 그림으로 나타내면 이렇게 됩니다.

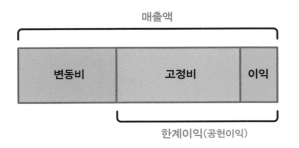

매출액

| 변동비 | 고정비 | 이익 |

한계이익(공헌이익)

정말이네요! 고정비에 이익을 더하니까 공헌이익이 되는군요!

 더 쉽게 이해할 수 있도록 가게를 예로 들어보겠습니다.

 Q 1,000원에 매입한 빵을 1,500원에 팔았습니다. 매장 소품과 고정비로 10만 원을 지출했습니다. 이때 몇 개의 빵을 팔아야 흑자(이익 발생)가 될까요?

 계산이 복잡해서 잘 모르겠어요.

 빵이 1개 팔렸다고 생각해볼게요. 매출액 1,500원, 매입 대금 1,000원이니까 한계이익은 500원입니다. 하지만 고정비 10만 원에 한계이익 500원은 한참 모자라죠.

그렇다면 몇 개를 팔아야 고정비를 회수할 수 있을까요?

 500원×판매량 = 10만 원이니까…, 200개인가요?

정답이에요! 200개보다 1개라도 많이 팔리면 흑자가 됩니다.

 이제 알겠어요!

 어렵지 않죠? 손익분기점의 단위는 매출액이니까 '판매가 1,500원×판매량 200개'로 계산하면 됩니다. 그러면 매출액은 30만 원이 되죠.

여기까지가 기본 개념입니다. 이 방법으로 다양한 상품을 취급하는 기업의 종합적인 손익분기점도 계산할 수 있어요.

다음과 같은 계산식을 사용합니다.

손익분기점을 구하는 식

$$\text{손익분기점} = \frac{\text{고정비}}{\dfrac{(\text{매출액}-\text{변동비})}{\text{매출액}}}$$

$$= \frac{\text{고정비}}{\dfrac{\text{한계이익}}{\text{매출액}}}$$

$$= \frac{\text{고정비}}{\text{한계이익률}}$$

먼저 두 번째 식을 봐주세요. 한계이익을 매출액으로 나눈 것(매출액에 대한 한계이익의 비율)을 '한계이익률'이라고 합니다.

손익분기점은 고정비를 한계이익률로 나누면 되죠.

아까부터 계속 나누기만 해서 뭐가 뭔지 모르겠어요.

어렵게 생각하지 마세요. 회사 전체, 사업부, 상품별 변동비와 고정비만 알면 식에 대입하는 것으로 끝이니까요. 관리회계에서는 주로 회사 전체의 손익분기점을 실제 매출액으로 나누어 활용합니다. 그 값에 100을 곱하면 '손익분기점률'이 되죠.

가게로 예를 들면
- 한계이익:
  매출액 1,500원-변동비(원가) 1,000원 = 500원
- 한계이익률:
  한계이익 500원÷매출액 1,500원 = 약 33%
- 손익분기점:
  고정비 10만 원÷한계이익률 33% = 30만 원

만약 빵이 40만 원어치 팔렸다면
- 손익분기점률: (30만 원÷40만 원)×100 = 75%

이를 바탕으로 우량한 회사인지 아닌지를 판단하는
기준이 있습니다.

잘 버는 회사는 손익분기점률로 알 수 있다!

손익분기점률(%)	회사 상황
60% 이하	초우량
60~80%	우량
81~90%	보통
91~100%	손익분기점
101% 이상	적자

 100%라면 본전치기이고, 101%가 되면 손익분기점
보다 매출액이 적으니까 적자인 거군요.

 네. 또 한 가지 중요한 개념이 100%에서 손익분기점
률을 뺀 '안전한계율'입니다.
안전한계율은 경영자에게 아주 중요한 숫자입니다.
안전한계율이 25%라고 하면 매출이 25% 감소했을
때 적자 위험이 있다고 해석할 수 있고, 고객이 할인
을 요구할 때 최대한 저렴하게 제공할 수 있는 금액
의 기준이 됩니다.

관리회계의 분석 기법을 쓱 훑어보자!

정말 유용한 숫자네요!

재고자산회전율은
어떻게 계산할까?

☑ 매출원가(또는 매출액)를 재고자산으로 나눈 것
☑ 매입과 판매를 몇 번 반복했는가를 나타낸다.
☑ 과잉재고를 떠안으면 회전율이 떨어진다.
☑ 최적의 회전율은 사업 모델에 따라 다르다.

아내가 제조업 회사에 다니는데 저번 달에 입사한
신입이 재고자산회전율도 모른다며 불평하더라고
요. "그거 큰일이네" 하고 넘어갔는데, 재고자산회전
율이 뭔가요?

하하하, 아는 척하신 건가요?
재고자산회전율은 P/L의 매출원가(또는 매출액)를 B/S
의 재고자산(재고)으로 나눈 것입니다. 1년간의 매출
원가가 10억 원, 기말 재고자산이 1억 원이라면 '10
억 원÷1억 원'으로 답은 '10'이죠. 한 해 동안 재고가
10회 회전했다, 즉 10회 팔렸다는 뜻입니다.

'재고자산회전율'을 계산해보자!

$$재고자산회전율 = \frac{매출원가}{재고자산(재고)}$$

※ 기초, 기말의 평균

또 나눗셈이네요!

1억 원어치 상품을 매입해서 모두 판매하면 매출원가로 1억 원이 계상되겠죠. 이것을 '재고가 한 번 회전했다'라고 합니다. 재고자산회전율이 '10'이라면 이 순환이 1년 동안 열 번 반복되었다는 뜻이에요. 흑자도산 때도 이야기했지만 과잉재고를 떠안으면 회전율이 낮아집니다.

기말에 어쩌다 한 번 재고가 적었다면요? 완전히 수치가 달라질 것 같아요.

오, 숫자에 꽤 강해지셨네요!

그래서 제대로 계산하기 위해 기초와 기말 재고자산의 평균값을 사용합니다. 담당자도 매주 회전율을 확인하고 있을 거예요.

연간 수치를 확인하고 있다는 뜻이군요. 그럼 회전율은 높을수록 좋은가요?

 높을수록 사업의 효율성이 좋다는 뜻이지만, 너무 높으면 재고가 부족해서 제때 팔지 못할 수도 있어요.

 왜 재고가 부족해질까요? 예상했던 판매량을 초과했기 때문인가요?

 그런 경우도 있고 일부러 재고를 적게 두는 회사도 있어요.

 책이 금방 매진되기로 유명한 모 인터넷 서점이 떠오르네요.

 판단은 경영자의 몫이기 때문에 각사의 방침, 사업 모델에 따라 이상적인 재고자산회전율은 달라집니다.

SECTION

9

POINT

핵심
포인트 !

의사결정에 필요한 매몰원가,
기회비용, 기회손실

- ☑ 매몰원가 = 의사결정에 영향을 미치지 않는 원가
- ☑ 이미 지출해서 회수할 수 없는 비용도 매몰원가 중 하나다.
- ☑ 지금까지 했던 투자가 아까워 그만두지 못하는 현상을
  '콩코드 효과'라고 한다.
- ☑ 기회비용 = 여러 가능성 중 하나를 선택하면서 포기한 다른 기회의 가치

기업은 물론 개인 역시 매일 다양한 의사결정을 합
니다. 그때 꼭 알아두어야 할 중요한 개념이 있어요.
바로 '매몰원가', '기회비용', '기회손실'입니다. 관리회
계의 기본 개념인데 일상에서도 활용할 수 있어요.
먼저 매몰원가부터 알아볼까요? 영어로는 'sunk
cost'라고 하는데 의사결정에 영향을 미치지 않는 원
가를 말합니다.

예를 들어 어떤 게 있나요?

혹시 런던-뉴욕, 파리-뉴욕 구간을 운행하던 초음속
여객기를 아시나요?

콩코드 맞죠? 그러고 보니 요즘에는 안 보이는 것 같은데….

 2003년에 운항을 중단했거든요. 항공사는 물론 생산사도 큰 적자였어요. 계속 적자만 기록하다가 조용히 역사의 뒤안길로 사라졌죠.

 차라리 만들지 않으면 좋았겠네요.

 콩코드는 1960년대에 영국과 프랑스가 공동 개발한 여객기로 천문학적인 예산이 투입된 국가적 사업이었어요.

 나라의 위신이 걸려 있었겠군요.

 비행을 하면 할수록 적자였지만, 지금까지 투입한 예산이 아깝다는 의견에 밀려 운항을 계속했습니다.

 도박판에 돈을 쏟아붓는 심정과 비슷하군요.

 손실이 빤히 예상되는데도 투자한 돈이 아까웠던 거죠.

하지만 경영자는 실패한 투자를 질질 끌지 말고 냉
정히 판단해야 해요.

그럼 어떻게 판단해야 하나요?

과거에서 눈을 돌려 지금, 바로 현재 시점에서 미래
를 바라봐야 합니다.

사업 철수를 결정했을 때 발생하는 손실(철수비용 등)
과 사업 철수를 통해 얻게 될 이득(적자를 막고 다른 분야
에 기술을 응용할 수 있음)을 저울질한 다음, 이득이 더 크
다면 과감하게 철수를 결정해야 하죠.

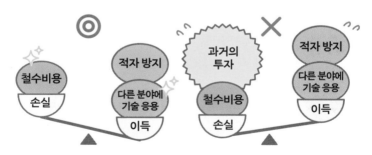

사업 철수는 냉정하게 결정할 것!

노력이 아깝다는 생각에 지금까지 들인 투자액까지 더해지면 저울이 기울어집니다. 이득 측면을 생각하지 못하고 사업을 계속하는 거예요.

 그런데 투자액을 회수하는 것이 경영자의 역할 아닌가요?

 맞습니다. 하지만 과거의 투자는 이미 지출한 비용이니 지금의 의사결정에서 고려할 사항이 아니에요. 콩코드는 국토가 넓은 미국 횡단에 사용될 예정이었지만 엄청난 소음과 환경 파괴라는 문제점을 지적받았습니다. 그 시점에서 이미 투자는 실패한 셈이었죠. 이처럼 지금까지 했던 투자가 아까워 그만두지 못하는 현상을 '콩코드 효과'라고 합니다.

 안타까운 사례네요.

 합리적인 의사결정을 하려면 의사결정에 영향을 미치지 않는 과거의 원가를 계산식에서 삭제해야 합니다. 그래서 '매몰'이라고 하는 거예요.

땅속 깊이 묻혀서 회수할 수 없다는 뜻인가요?

 네. 회수할 수 없는 비용도 매몰원가 중 하나인데, 완전히 같은 개념은 아닙니다. 예를 들어 신규 사업 A와 B를 두고 고민할 때 양쪽 모두에 드는 비용(사무실 임차료 등)은 고려해도 의미가 없죠. 그런 비용도 매몰원가로 취급해요.
무엇이 매몰원가인지 구별할 수 있게 되면 고려해야 할 변수가 줄어들어 명쾌하고 정확한 의사결정을 할 수 있습니다.

 그렇군요!

 매몰원가와 함께 '기회비용'이라는 개념도 알아두세요. '기회원가'라고도 합니다.

 '기회손실'과 비슷한 이름인데 어떻게 다른가요?

 기회손실은 '최선의 의사결정을 하지 않아 놓치게 된 이익'이라는 뜻으로 쓰입니다. 예컨대 재고를 적게 둔 탓에 판매 기회를 놓치면 얻을 수 있었던 이익이 사라지죠.

반면에 기회비용은 '여러 가능성 중 하나를 선택하면서 포기한 다른 기회의 가치'를 말합니다.

기회비용과 기회손실의 예

> 투자안 A를 선택하면 이익 200
> 투자안 B를 선택하면 이익 100

1 투자안 A를 선택했을 때(이익이 더 큰 쪽)

기회비용 = 100(투자안 B의 이익)
기회손실 = 0
(A와 B를 비교하면 A 200 > B 100, 최선의 의사결정이므로 0)

2 투자안 B를 선택했을 때(이익이 더 작은 쪽)

기회비용 = 200(투자안 A의 이익)
기회손실 = 100(A 200 - B 100)

 알 것 같으면서도 모르겠네요.

 지루한 영화를 끝까지 봤다고 생각해보세요. 반대로 30분쯤 보다가 영화를 끄고 책을 읽거나 영어 단어를 외우거나 운동을 하러 나갈 수도 있죠.

정확한 수치로 비교하기는 어렵지만 다른 행동을 선택하면 적어도 무언가는 얻을 수 있을 거예요.

"그때 대기업 다니던 B랑 결혼할 걸!" 하고 속상해하던 동창이 있는데 그것도 기회비용 얘기네요.

살아가면서 우리는 언제든 시간이나 돈 또는 그 이상의 무언가를 잃고 있을 가능성이 있죠. 그래서 항상 기회비용을 의식해야 합니다.

그러고 보니 저도 의식한 적이 없었어요.

이제 매몰원가와 기회비용을 배웠으니 앞으로 어떤 결정을 해야 할 때 활용해보세요!

○ 매몰원가: 의사결정에 영향을 미치지 않으며 이미 지출해서 회수할 수 없는 비용

○ 기회비용(기회원가): 여러 가능성 중 하나를 선택하면서 포기한 다른 기회의 가치

○ 기회손실: 최선의 의사결정을 하지 않아 놓치게 된 이익

SECTION

10

POINT

핵심
포인트 !

생산성 향상의 핵심
'보틀넥'

☑ 관리회계에서는 노동생산성이라는 지표를 사용한다.
☑ 노동생산성에는 세 가지 요인이 작용한다.
☑ 보틀넥을 찾아 개선하는 노력이 필요하다.

 이번에는 생산성을 분석하는 방법도 알아볼게요. 생산성이란 회사가 얼마나 효율적으로 가치를 창출하고 있는가를 나타냅니다.

관리회계에서는 '노동생산성'이라는 지표를 주로 사

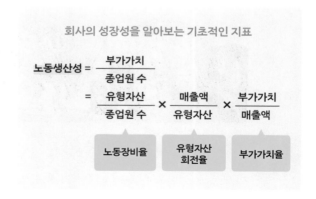

회사의 성장성을 알아보는 기초적인 지표

$$노동생산성 = \frac{부가가치}{종업원\ 수}$$

$$= \frac{유형자산}{종업원\ 수} \times \frac{매출액}{유형자산} \times \frac{부가가치}{매출액}$$

| 노동장비율 | 유형자산 회전율 | 부가가치율 |

용하는데, 앞에 제시한 식은 듀폰 분석과 마찬가지
로 노동생산성을 인수분해 한 것입니다.

또 식이 대거 증식했네요.

대강의 흐름만 이해하면 되니까 너무 겁먹지 마세
요. 롤플레잉 게임을 하면서 재화를 수집하는 상황
에 비유해볼까요?

이때 '노동장비율'은 팀원 1명당 가지고 있는 무기와

관리회계의 분석 기법을 쓱 훑어보자!

도구의 양입니다. 모두가 많은 물자를 가지고 있는 편이 괴물을 쓰러뜨리기 수월하겠죠.

또 '유형자산회전율'은 팀 전체가 보유한 무기와 도구가 괴물 퇴치에 얼마나 공헌하는지를 나타냅니다. 아무리 물자가 많아도 전투에 쓸모가 없다면 회전율이 내려가겠죠.

그럼 퀴즈입니다!

Q 마지막 '부가가치율'이란 어떤 뜻일까요?

 재화에 대한 쓰러뜨린 괴물의 비율이니까…. '재화를 얻기 쉬운 괴물과 싸우고 있는가?'라는 뜻인가요?

 정답입니다!

 정말 제가 맞혔다고요?

 노동생산성에는 다음 세 가지 요인이 작용합니다.

노동생산성이 낮아지는 이유는 회의 자료 작성이라 든가 사전 협상 등에 시간을 허비하기 때문이 아닐까요?

 그런 잡다한 일을 없애면 어떤 변수가 바뀔까요?

 불필요한 종업원 수가 줄어들 것 같아요.

 그렇습니다. '노동생산성 = 부가가치÷종업원 수'이 므로 분모인 종업원 수가 줄고 1인당 부가가치가 올라가죠.

 정말 그렇네요!

 생산성 분석의 또 한 가지 키워드는 '병목현상'이라

고도 하는 '보틀넥(bottleneck)'입니다.

들어본 적 있어요. 흐름이 정체된다는 뜻이죠?

비슷합니다. 공정 A, C, D의 처리량이 10인 데 비해
공정 B의 처리량이 5인 경우 B를 보틀넥이라고 해
요. 공정 B 때문에 전체 작업 효율이 저하되는 거죠.

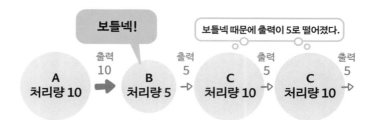

지금에야 자주 쓰이는 말이지만, 유명해진 계기는 물
리학자 엘리 골드렛 박사의 저서 『더 골(The Goal)』이
었습니다. 이 책에서 골드렛 박사가 '제약 이론(TOC)'
을 제창하면서 보틀넥이라는 개념이 퍼진 거예요.

책 제목을 들어보긴 했는데, 어떤 내용인가요?

'보틀넥을 발견하면 일단 전체 흐름을 보틀넥에 맞추고, 보틀넥을 넓히는 노력을 하면서 전체 흐름을 늘리자'라는 내용입니다.

 아주 간단하네요! 딱 두 줄로 요약하신 선생님도 대단하고요!

 경영자가 하기 쉬운 실수는 '10'이라는 처리량만 고집하면서 공정 B 담당자를 질책하거나 담당자를 바꾸는 거예요.

 저도 일 처리가 느린 편이라 남 일 같지 않네요.

 그사이에 다음 공정 담당자는 할 일 없이 보내는 시간이 늘어나고, 결국 경영 효율이 떨어지게 되죠.

SECTION

11

POINT

핵심
포인트 !

제조업에 빠질 수 없는
제조원가 계산

- ☑ 매출원가와 제조원가는 다르다.
- ☑ 제조원가는 별도의 자세한 계산이 필요하다.
- ☑ 제조원가는 재료비, 노무비, 경비로 구성된다.

 마지막으로 공업부기의 기본이자 꼭 알아두어야 할 지식을 설명할게요. 바로 제조원가와 원가보고(C/R, Cost Report)입니다.

 원가요? P/L에서 봤던 매출원가랑 다른가요?

 다릅니다. 매출원가는 매출을 올리는 데 들어가는 직접적인 비용이죠.

 종업원의 급여, 광고선전비, 사무실 임차료와 같이 사업 전반에 드는 비용이 판관비라고 하셨던 건 기억나요.

상품을 매입해서 판매만 하는 사업의 매출원가는 계산하기 쉬워요. 팔린 상품의 매입가를 합산하기만 하면 되니까요.

 상품을 만드는 회사는 방식이 다른가요?

 제조업은 계산법이 복잡합니다. 나사를 만드는 회사를 생각해볼게요. 나사의 원료를 매입해서 금형을 만들어야 하고, 공장 노동자가 기계를 움직이면 전기요금도 발생하죠.

 공장 노동자의 급여나 전기요금도 판관비 아닌가요?

 판관비에는 제조 비용을 포함하지 않는 것이 규칙이거든요.

 정말 세세한 데까지 규칙이 있군요.

 공장에서는 제조한 상품 개수, 재료비, 노무비, 부대 비용 등을 합해 총 얼마를 지출했는지 계산한 원가 보고서를 본사에 보냅니다.

정말 꼼꼼하다.

 보고를 받은 본사 경리부에는 공장에서 만든 상품 개수, 제조원가 정보가 쌓이죠. 결산일이 되면 팔린 상품 개수를 다시 세어보고 제조원가를 매출원가로 계상합니다.

 경리부도 정말 바쁘겠어요.

 제조원가를 계산하지 않으면 얼마에 팔아야 이익이 남는지 알 수 없어요. 5,000원 들여 만든 나사 100개를 4,000원에 팔면 안 되니까요.

 그건 그렇지만 너무 비싸면 또 안 팔릴 텐데….

 그래서 적정한 판매가를 결정한 다음 원가를 역산하는 경우가 많아요. 시장 조사를 해서 판매가를 8,000원으로 책정하고 제조원가를 5,000원 이내로 맞추는 식이죠.

제조 비용은
판관비에 넣지
않는다!

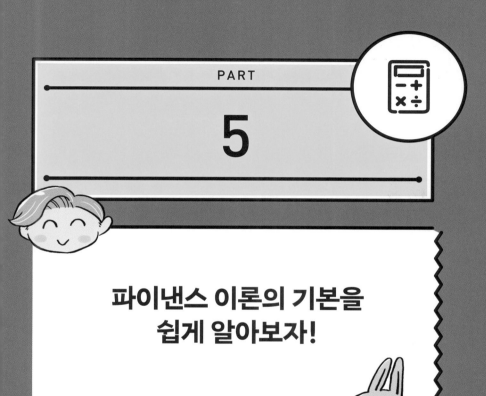

파이낸스 이론의 기본을
쉽게 알아보자!

꼭 알아두어야 할
화폐의 시간가치

☑ 현재의 1,000만 원과 미래의 1,000만 원은 가치가 다르다.
☑ 시간 축에 따라 바뀌는 돈의 가치를 '화폐의 시간가치'라고 한다.
☑ 현재의 가치와 미래의 가치는 식으로 관계를 나타낼 수 있다.

회사의 부서에 비유하면 PART 2와 3은 경리부,
PART 4는 경영기획실과 관련된 이야기였어요. 이제
PART 5에서는 재무부에 해당하는 파이낸스 이론을
살펴보겠습니다.

파이낸스는 어려울 것 같아요. 수학 지식도 필요할
테고….

그렇지 않으니 마음놓으세요. 파이낸스 이론 중에서
도 가장 기본적이고 쉬운 DCF, MM 이론, 현대 포트
폴리오 이론, PER, PBR, 이 다섯 가지에 대해 알아
볼 거예요.

파이낸스 이론의 기본을 쉽게 알아보자!

알기 쉽게 설명해주세요!

네, 그럴게요. 파이낸스 이론도 투자나 자산관리에 쓰이는 개념과 기법의 총칭입니다. '이건 쓸모 있겠다' 싶은 이론만 알아두어도 충분해요.

파이낸스 이론을 배우면 어떤 이득이 있나요?

돈 쓰는 법이나 돈의 가치에 대한 사고방식이 완전히 바뀔 거예요.

기대되는걸요? 그래도 수학은 자신 없으니까 공식은 최소한으로 해주세요.

하하, 알겠습니다.
먼저 파이낸스 이론 중에서도 꼭 알아두어야 할 개념이 '화폐의 시간가치'입니다. 간단히 말해서 '현재의 10만 원과 10년 후의 10만 원은 가치가 다르다'는 뜻이에요.

똑같은 돈인데 가치가 다르다고요?

달라집니다. 다음 질문을 보면서 생각해볼까요?

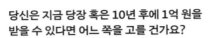 당신은 지금 당장 혹은 10년 후에 1억 원을
받을 수 있다면 어느 쪽을 고를 건가요?

 우와! 살아 있길 잘했네요! 저는 지금 당장 받을래요.

 왜인가요?

 10년 후에 제가 살아 있다는 보장이 없으니까요.

 그런 이유였군요. 만약 10년 후에도 살아 있다면요?

 당장 받으면 다 써버릴지도 모르지만 그래도 지금
받을래요. 1억 원을 종잣돈 삼아서 10년 동안 투자
하면 돈을 불릴 수도 있을 테니까요.

 훌륭하네요! '현재의 1억 원'과 '미래의 1억 원'을 저
울질해서 '현재의 1억 원'의 가치가 더 크다고 판단

한 거군요?

이렇게 시간 축에 따라 영향을 받는 화폐의 가치를 '화폐의 시간가치'라고 합니다.

 그런데 정말 잘한 선택인지는 잘 모르겠어요.

Q '지금 당장 1억 원을 받을 수 있는 권리'가 있습니다.
만약 그 권리를 포기하면 '10년 후에 어떤 금액을 받을 수 있는 권리'가 주어집니다.
10년 후에 받는 금액이 최소 얼마 이상일 때, 1억 원을 받을 수 있는 권리를 포기하겠습니까?

 글쎄요…. 10조 원?

 하하, 10조라니 너무 터무니없는데요. 방금 1억 원을 받으면 투자하겠다고 하셨는데, 이율은 얼마를 생각하고 있나요?

 음…. 한 4% 정도요.

그럼 연이율 4%, '복리'로 불린다고 가정해보겠습니다.

> **더 알아보자!**
>
> 복리란 무엇일까?
>
> 원금에 투자로 얻은 이익을 합쳐서 운용하는 방식입니다. 투자 이익을 포함하지 않고 원금만 운용하는 '단리'도 있습니다.

이자계산기를 이용하면 얼마나 불어날지 간단히 알아볼 수 있어요.

 Q 1억 원을 4%의 복리로 운용하면 10년 후에는 얼마가 될까?

원금		실질금리
1년 후	104,000,000원	4%
2년 후	108,160,000원	8.16%
3년 후	112,486,400원	12.48%
10년 후	148,024,430원	48.02%

→ 10년 후에는 1억 4,800만 원!

 1억 4,800만 원! 4,800만 원이나 불어나네요.

 지금 1억 원을 받으면 10년 후에는 1억 4,800만 원

까지 불어나니까 적어도 이 금액 이상이 아니면 권
리를 포기하기 어려울 거예요.

그렇죠.

이런 식으로 현재의 화폐가치와 미래의 화폐가치를
숫자로 비교할 수 있습니다. 여기까지 알았다면 화
폐의 시간가치는 대부분 이해한 셈이에요. 미래의
주가는 다음과 같은 계산식으로 구할 수 있습니다.
화폐의 시간가치를 구하는 식과 마찬가지예요.

$$FV = PV \times (1+r)^n$$
FV: 미래가치(Future Value)
PV: 현재가치(Present Value)
r: 이율(%)   n: 연수(n년)

제 눈에는 무슨 암호 같은데요!

보기엔 이래도 어렵지 않습니다. 아까 예로 들었던
숫자를 써서 다시 설명해드릴게요.

$$FV \quad = \quad PV \quad \times \quad (1+r)^n$$

↑   ↑   ↑

10년 뒤 얼마?   현재의 1억 원   4%(r)로 10년(n)
운용했을 때의
이율(약 1.480)

$FV = 1억 원 \times (1+4\%)^{10}$
     = 1억 4,800만 원 10년 후 1억 4,800만 원이 된다!

보통 회계 책에서는 수식부터 나열하니까 어렵다고
느끼는 거예요.
재무 분야에서는 이 'r'을 '기대수익률'이라고 합니다.

그야 이런 계산식을 보면 누구라도 겁먹지 않을까요?

이번에는 PV가 얼마인지 알아보는 형태로 식을 바
꾸어보겠습니다.
앞서 '현재의 화폐가치'에서 '미래의 화폐가치'를 계
산하는 방법을 소개했는데, 거꾸로 미래가치에서 현
재가치를 알아보고 싶을 때도 있으니까요.
식을 변형하는 방법은 간단합니다. 양변을 $(1+r)^n$으
로 나누면 끝이에요.

파이낸스 이론의 기본을 쉽게 알아보자!

이 식은 미래가치에서 현재가치를 환산하는 계산식입니다.

미래가치에서 현재가치를 환산하는 계산식

$$FV = \quad PV \times (1+r)^n$$

$\uparrow$ $\uparrow$
양변을 $(1+r)^n$으로 나눈다.

$$PV = \frac{FV}{(1+r)^n}$$

$\uparrow$
현재 얼마?

← 10년 후의 1억 4,800만 원
← 4%로 10년간 운용했을 때의 이율(약 1.480)

 환산이요?

 쉽게 말해서 거꾸로 계산하는 거죠.
다음 퀴즈를 함께 풀어볼까요?

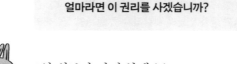 Q '10년 후에 1억 4,800만 원을 받을 수 있는 권리'가 판매되고 있습니다. 한편 당신은 연이율 4%로 돈을 불릴 수 있습니다. 얼마라면 이 권리를 사겠습니까?

 1억 원보다 싸면 살래요!

맞습니다. '1억 원'이 기준이 되죠.
권리의 가격이 1억 원보다 싸다면 구매를 검토하고,
비싸다면 다른 방법으로 돈을 불리는 편이 좋겠다고
판단할 수 있겠죠.

$$PV = \frac{\text{1억 4,800만 원}}{(1+4\%)^{\text{10년}}}$$

$$PV = \text{1억 원} \leftarrow \text{현재가치}$$

기업은 항상 투자에 관한 의사결정을 해야 하죠. 경영자나 재무부는 그때마다 미래가치를 현재가치로 환산합니다.

 정말 힘든 일을 하는군요.

더 알아보자!

기대수익률 'r'과 할인율 'r'

FV(미래가치)를 구할 때의 'r'을 '기대수익률', PV(현재가치)를 구할 때의 'r'을 '할인율'이라고 합니다. 같은 'r'인데도 이름이 달라 헷갈리지만, 회계의 관습이라는 정도로만 이해하면 됩니다. '할인율'이 나오면 '미래가치를 현재가치로 환산하는 구나!'라고 생각하세요.

파이낸스 이론의 기본을 쉽게 알아보자!

DCF를 이용하여
투자 판단을 해보자

☑ 미래에 발생할 현금흐름을 현재가치로 환산하여 모두 더하는
　 방법을 DCF라고 한다.
☑ 이익과 비용을 할인하여 정확한 순현재가치(NPV)를 계산한다.
☑ WACC는 회사에 요구되는 수익률을 뜻한다.

앞서 '현재가치로 환산하는 방법'을 알아봤으니 실제
활용법을 살펴보겠습니다.

네! 어서 시작해요!

하하, 아주 의욕이 넘치시네요.
새로운 기계 도입을 검토 중인 회사가 있다고 가정
해보겠습니다. 사용 기간은 5년이라고 할게요. 이때
경영자나 재무부가 가장 먼저 할 일은 '기계 도입으
로 창출될 현금흐름'을 예측하는 것입니다.

'이익'이 아닌 '현금흐름'

투자는 장기전이므로 화폐의 시간가치를 고려하기
위해 현금흐름을 사용한다.

 현금흐름은 다음과 같이 예측합니다.

새 기계가 5년 동안 창출하는 현금흐름

1년째		2년째		3년째		4년째		5년째
3,000만 원	→	1억 원	→	1억 5,000만 원	→	2억 원	→	2억 원

실적이 없다는 점과
기계 도입 비용을 고려하여
예상 이익은
3,000만 원으로 잡는다.

점점 단골이 늘어나
2억 원까지 이익이
증가할 것으로 전망한다.

 PART 4에서 배웠던 잉여현금흐름(FCF)을 기억하시

나요? 기업을 매수할 때 FCF로 그 기업이 창출할 미

래가치를 측정한다고 이야기했죠.

'3,000만 원+1억 원+1억 5,000만 원+2억 원+2억 원'
이니까 총 6억 8,000만 원, 맞죠?

보통 그렇게 생각할 거예요.
하지만 실제로는 더 치밀한 계산이 필요합니다. 5년
후의 2억 원, 또는 3년 후의 1억 5,000만 원이 현재
의 화폐가치와 똑같다는 보장이 있을까요?

아차!

그래서 미래가치를 현재가치로 환산하는 작업이 필
요합니다. 연도별로 예측한 현금흐름에 할인율을 적
용해서 현재가치를 구하는 거예요.

꼭 1년씩 계산해야 하나요?

그렇습니다. 조금 귀찮긴 하지만 정확도가 올라가
죠. 임의로 할인율을 '4%'로 가정해서 계산해볼게요.

새 기계가 5년 동안 창출하는 현금흐름

$$\frac{1년째}{(1+4\%)}3,000만 원 + \frac{2년째}{(1+4\%)^2}1억 원 + \frac{3년째}{(1+4\%)^3}1억 5,000만 원 + \frac{4년째}{(1+4\%)^4}2억 원 + \frac{5년째}{(1+4\%)^4}2억 원$$

= 5억 8,999만 원

 계산 결과 총 5억 8,999만 원이 되었습니다. 이 값이 바로 '새 기계를 도입했을 때 유입될 것으로 예상되는 이익을 현재가치로 나타낸 수치'예요.

미래에 발생할 현금흐름을 현재가치로 환산하여 모두 더하는 방법을 '현금흐름할인법(DCF, Discounted

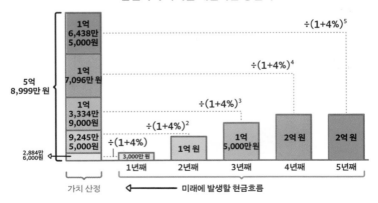

예측한 미래의 현금흐름을 현재가치로
환산하여 가치를 계산하는 방법이 DCF

파이낸스 이론의 기본을 쉽게 알아보자!

Cash Flow)'이라고 합니다.

이것만 알아두어도 제법 쓸모가 있을 거예요.

수학엔 자신 없었는데 이해가 됐어요!

개념만 이해하면 의외로 어렵지 않습니다.

그렇다면 DCF로 계산한 현재가치가 적정한 매수가격이라는 뜻인가요?

맞아요. '적정한 매수가격 = 현재가치'니까 실제 투자 진행 여부는 지금 계산한 현재가치가 투자액보다 큰지 작은지로 판단합니다.

투자액은 현시점에서 실제로 지출하는 돈이죠. 그래서 적절한 의사결정을 하기 위해 DCF를 이용하는 거예요. 미래에 얻게 될 경제 효과(현금흐름)를 현재가치로 환산함으로써 투자를 진행하는 지금과 시간 축을 통일하는 거죠. 투자처럼 장기적인 문제를 다룰 때는 화폐의 시간가치도 고려해야 하니까요.

이번에는 간단히 설명하기 위해 생략했지만, 미래에 유출되는 현금흐름이 있다면 똑같이 현재가치로 환산해야 합니다.

현금의 유입과 유출을 모두 고려해야 하는군요.

그렇습니다! 그림으로 정리하면 이렇게 나타낼 수 있어요.

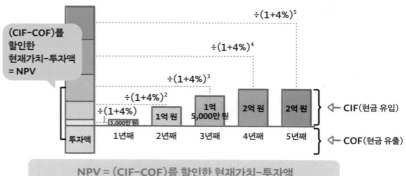

(CIF-COF)를 할인한 현재가치-투자액 = NPV

$\div(1+4\%)^5$

$\div(1+4\%)^4$

$\div(1+4\%)^3$

$\div(1+4\%)^2$

$\div(1+4\%)$

3,000만 원

1억 원

1억 5,000만 원

2억 원

2억 원

CIF(현금 유입)

투자액

1년째 2년째 3년째 4년째 5년째

COF(현금 유출)

NPV = (CIF-COF)를 할인한 현재가치-투자액

직접 계산하라면 못 하겠지만, 대강의 흐름은 알 것 같아요.

이 현금 유입과 현금 유출의 최종 차액을 '순현재가치(NPV, Net Present Value)'라고 합니다. 'NPV가 0보다

클 때' 투자의 타당성이 있다고 판단할 수 있어요.

아하! NPV를 보고 최종 투자 판단을 하는군요. 이번 사례에서는 예상 이익이 '5억 8,999만 원'이니까 투자액이 '3억 원'이라면 새 기계를 도입하고, '10억 원'이라면 도입을 단념하면 되겠네요.

맞습니다!
또 할인율을 4%로 가정했었죠. 기업이 DCF에 적용하는 할인율은 주주나 은행 등 자금을 제공하는 쪽이 기대하는 '수익률(자본비용)'을 고려하여 결정합니다.

수익률이요?

회사는 차입금에 대한 이자를 내야 하지만 은행 측에서 볼 때 이자 금리는 수익률이에요. 또 회사에 출자한 주주도 마찬가지입니다. 주주들은 일정 수익률 이상의 배당금 등을 기대하죠.
이런 기대치가 회사로서는 '꼭 넘어야 할 수익률(자본비용)'이므로 '자금을 제공한 측이 기대하는 수익률 = 회사의 자본비용'이라는 관계가 성립합니다.

성장률과는 또 다른 개념이군요.

 '이자나 배당금을 지급하려면 몇 퍼센트의 수익률이 요구되는가?'라고 생각할 수 있습니다.

이자를 낼 수 있을 정도의 성장률로는 충분하지 않아요. 이자를 내고 난 뒤 배당금도 지급할 수 있을 만큼 성장해야 하죠.

기업이 투자 판단을 할 때 사용하는 할인율(기대수익률)은 자기자본비용(배당금 등)과 부채비용(지급이자 등)을 특수한 식에 대입해서 계산합니다.

이 특수한 식으로 계산한 결과를 '가중평균자본비용(WACC, Weighted Average Cost of Capital)'이라고 해요.

 용어들이 점점 복잡해지고 있어요!

 일반적으로 WACC는 '총자본에 대한 평균조달비용'이라고 해석하는데, 간단히 회사가 넘어야 할 최저한의 목표치'라고 생각하면 됩니다.

 이름은 복잡해도 개념은 의외로 단순하군요.

지금은 DCF, NPV, WACC 등을 '회사에 요구되는 수
익률'이라고만 알아두어도 충분해요.
WACC는 다음과 같이 계산하는데 꼭 외우지 않아도
괜찮습니다.

가중평균자본비용(WACC)을 계산하는 방법

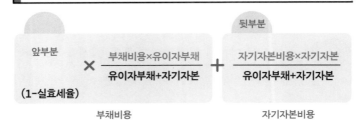

MM 이론의 관점에서
무차입경영을 바라보기

☑ 배당에는 리스크 프리미엄이 포함되어 있다.
☑ 배당과 달리 이자는 비용으로 처리할 수 있다.
☑ 무차입경영을 하면 기업가치를 최대화할 수 없다.

 이제 MM 이론에 대해 알아볼게요. 경제학자 모딜리
아니와 밀러가 발표한 아주 유명한 이론이에요. 현
대 재무이론의 기초라고도 불리죠.

 MM이요…? 아, 두 사람의 성에서 앞 글자를 땄나 보
네요.

 기업의 자본구조와 기업가치의 관계를 밝힌 연구입
니다.

 그런 연구를 하는 분들도 있군요.

듣고 싶으시죠? MM 이론은 '법인세가 없다는 가정 하에서 자본구조, 즉 타인자본과 자기자본의 비율은 기업가치에 영향을 미치지 않는다'라는 이론입니다. 극단적인 예로 '차입금 없이 주주로부터 1,000억 원을 조달한 회사'와 '주식 발행 없이 차입금만으로 1,000억 원을 조달한 회사'의 기업가치가 똑같다는 뜻이에요.

애초에 기업가치는 '채무자를 통해 조달한 돈과 주주를 통해 조달한 돈의 합계'니까요.

 빌린 돈이건 출자금이건 가치는 똑같다는 말인가요?

 맞아요. 다만 '주주에게 자금을 조달'했을 때보다 '차입금으로 자금을 조달'했을 때의 기업가치가 더 큰 경우가 있어요. 이것을 'MM의 수정이론'이라고 합니다.

 그래도 차입금에는 이자가 발생하잖아요.

 주주에게도 배당금을 지급해야 하죠. 일반적으로 배당에 드는 비용이 은행에 지급하는 이자보다 큽니다.

정말요?

은행은 '되돌려 받는 것'을 전제로 돈을 빌려주죠. 하지만 주식에는 상환 의무가 없습니다. 한순간에 휴지 조각이 될 수도 있어요.

정말 그렇네요. 은행보다 투자자의 위험 부담이 훨씬 크군요.

맞습니다. 은행 금리와 배당률이 똑같다면 굳이 위험 부담을 안고 투자할 이유가 없죠. 리스크 프리미엄(risk premium)이 더해지는 거예요.

그래서 주주들이 은행 이자보다 높은 수익을 원하는 거군요.

또 법인세 측면에서 봤을 때 은행 이자는 비용으로 계상됩니다. 이자가 커질수록 영업이익이 줄어들고 법인세가 줄어들어요. 감세 효과가 있는 거예요. 반면 주주에게 지급하는 배당은 비용으로 처리할 수 없습니다. 법인세를 차감한 후의 순이익에서 따로 지급해야 해요.

차입하는 편이 세금 면에서 유리하다니….

차입금이 없으면 내야 할 이자도 없고 그만큼 이익이 많이 남지 않을까 싶겠지만 꼭 그렇진 않습니다. 이익에는 법인세가 부과되고, 배당금까지 지급하고 나면 생각보다 남는 게 별로 없어요.

무차입경영이 좋은 줄 알았는데 예상 밖의 덫이 있었네요.

오히려 자본구성에 부채를 적절히 섞는 편이 이익을 확대하는 데 유리할 때도 있습니다.

혹시 정해진 '최적의 자본구조'가 있나요?

안타깝게도 아직 없습니다. '최적의 자본구조를 밝혀내면 노벨상감'이라는 말이 나올 정도니까요. 실제로 모딜리아니와 밀러가 'MM 이론'으로 노벨 경제학상을 받기도 했고요.

노벨상감이라고요? 그럼 제가 모르는 게 당연하네요.

현재로서는 재무분석에서 소개한 부채비율을 사용해서 최적이라고 여겨지는 수치(부채비율 100% 이하 등)를 참고하는 정도입니다.
언뜻 최선책처럼 보이기도 하고 안전하다는 이점도 있지만, '주주로부터 자금을 조달하는 비용이 의외로 크다'라는 것만 알아두세요.

주주로부터 조달한 자금
= 조달비용이 크다.

SECTION 4

POINT

핵심
포인트

포트폴리오①
투자의 철칙
현대 포트폴리오 이론

- ☑ 분산효과란 달걀을 한 바구니에 담지 말라는 뜻이다.
- ☑ 수익은 위험의 대가이며 적절한 균형을 맞추기가 어렵다.
- ☑ 수익률은 유지하면서 위험을 낮추는 방법이 현대 포트폴리오 이론이다.

 투자의 철칙인 '달걀을 한 바구니에 담지 말라'라는 말을 들어본 적 있나요? 달걀을 한 바구니에 담듯이 자산이 한 군데에 집중되어 있으면 만일의 상황에 전멸할 위험이 있다는 뜻이에요.

 스마트폰에 모든 정보를 저장하지 말고 클라우드에도 백업을 해두어야 한다는 거죠?

 맞습니다. 전문 용어로 '포트폴리오(portfolio, 분산효과)'라고 해요. '분산되면 위험 부담도 줄어든다'라고 이해하면 됩니다.
투자의 목적은 '수익'을 늘리는 것이지만 '수익'이란

'위험'을 부담한 대가이기도 합니다.

그런데 분산으로 위험 부담이 줄어들면 수익도 줄어드는 것 아닌가요?

좋은 지적입니다!
한 가지 예를 들어볼게요. 브라질 국채의 금리는 10%인 데 비해 일본 국채는 0%는커녕 마이너스 금리입니다. 그런데도 왜 모든 돈을 브라질 국채에 투자하지 않는 걸까요?

음, 폭락할 위험 때문에…?

맞아요. 그만큼 위험하니까 10%라는 금리가 책정된 거죠. 차입금의 이자, 주주에게 지급하는 배당률 역시 위험 부담이 고려된 수치입니다.

위험 부담만큼 수익을 얻는 '리스크 프리미엄', 맞죠?

그렇습니다. 투자자가 가장 고민하는 점이 '수익과 위험의 균형을 어떻게 맞추는가'인데, 그에 대한 해

파이낸스 이론의 기본을 쉽게 알아보자!

답을 제시한 사람이 현대 포트폴리오 이론(MPT)을 제창한 경제학자 해리 마코위츠예요.

수익률은 유지하면서
위험을 낮추는
방법을 찾았다!

 우와, 대단하네요!

 세기의 발견을 한 해리 마코위츠는 1990년 노벨 경제학상을 받았습니다.

 그야 엄청난 발견이니까요. 전 세계가 놀랄 만해요.

 일단 '포트폴리오 = 조합'이라고 생각하면 됩니다. 표준편차 등의 수학 지식은 생략하고 가볍게 설명하겠습니다. 개념만 알아도 충분히 쓸모 있거든요.

 어서 가르쳐주세요.

포트폴리오②
가중평균으로
총수익률 계산하기

☑ 현대 포트폴리오 이론은 '분산효과'와 '상관'으로
  구성된다.
☑ 분산시킨 포트폴리오의 수익률은 가중평균으로
  계산할 수 있다.

현대 포트폴리오 이론은 크게 2개의 기둥으로 이루어져 있어요. 바로 '분산효과'와 '상관'입니다.
분산효과와 관련해서 한 가지 알아두어야 할 것은 기대수익률을 추정할 때 사용하는 '가중평균'이라는 계산법입니다.

가중평균은 WACC에서도 등장했었죠?

기억하시는군요! WACC도 가중평균으로 계산하는데 간단히 설명하기 위해 생략했어요.

가중'평균'이니까 평균치를 계산하나요?

맞습니다. 원금 1,000만 원으로 A사 주식 200만 원어치, B사 주식 800만 원어치를 샀다고 가정해볼게요. 이 시점에서 투자처를 분산했으니 포트폴리오를 구성한 셈인데 포트폴리오 전체의 총수익률이 얼마인지 궁금하지 않나요?

당연히 궁금하죠!

바로 그럴 때 'A사 주식의 기대수익률'과 'B사 주식의 기대수익률'을 '가중평균'하는 거예요.
A사 주식과 B사 주식 각각의 기대수익률이 무엇인지부터 설명할 텐데, 그 전에 투자자가 어떤 식으로 예측하는지 알아볼게요.

<A사 주식의 기대수익률>

	일어날 확률	기대수익률
좋은 상황	20%	30%
보통 상황	60%	10%
나쁜 상황	20%	-10%

계산하면
0.2×30%+0.6×10%+0.2×10% = 10%가 된다.

그런데 이거…. 그냥 투자자가 세운 가설 아닌가요?

 가설을 세우려면 뉴스를 매일 꼼꼼히 확인하고 정세를 읽는 노력이 바탕이 되어야 하죠.
예측이 끝나면 각각의 기대수익률을 가중평균합니다. 가중치로는 '일어날 확률'을 사용해요.
계산식은 다음과 같습니다.

$$\text{포트폴리오 기대수익률(가중평균치)} = \frac{(\text{A사의 기대수익률} \times \text{A사의 투자비율}) + (\text{B사의 기대수익률} \times \text{B사의 투자비율})}{\text{A사의 주식} + \text{B사의 주식}}$$

A사(10%×0.2)+B사(12%×0.8) = 11.6%
A사 주식 200만 원, B사 주식 800만 원어치를 샀을 때 이율은 11.6%

 위 식에서는 0.2, 0.8을 대입했는데, 투자액 '200만 원, 800만 원'을 그대로 식에 대입해도 답은 똑같습니다. 비율을 대입하는 건 회계에서 자주 사용하는 계산법이에요.

 평균이라고 하면 모든 수치를 더해서 전체 개수로

나누는 방법밖에 없는 줄 알았어요.

그 방법을 '상가평균'이라고 해요. 상가평균과 달리
가중평균은 '수치의 무게'가 평균치에 반영됩니다.

가중평균이 이곳저곳에서 많이 쓰이네요.

단순히 'A사 주식의 과거 수익률'을 참고로 하는 방
법도 있지만, 정확도를 높이고 싶거나 변화하는 시
장 상황을 반영하고 싶을 때 독자적인 관점에서 계
산하는 거예요.

그렇게 각각 계산한 다음에 2단계로 포트폴리오를
가중평균하는 거군요.

보통은 3단계를 거칩니다.
이번에는 주식투자만을 예로 들었지만, 분산효과를
고려한다면 '주식, 부동산, 국채', '엔화 투자상품, 달
러 투자상품'과 같은 식으로 다양한 자산을 조합하
는 것이 좋아요.

저도 경제가 어떻게 돌아가는지 잘 살펴봐야겠어요!

자산배분과 포트폴리오는 같은 뜻이다?

'자산배분(asset allocation)'은 '자산을 어떤 형태로 보유할 것인가'에 대한 전략이므로 자산 조합을 뜻하는 포트폴리오 자체라고 할 수 있습니다.

SECTION

6

POINT
핵심
포인트 !

포트폴리오③
리스크를 헤지하려면 '상관'을 보라!

☑ '상관'이란 관계성, 연동성을 뜻한다.
☑ 상관계수가 낮은 자산에 투자하면 분산효과가 높아진다.
☑ 투자자산의 상관계수는 인터넷에서 구할 수 있다.
☑ 상관계수의 범위는 '-1~1'이다.

현대 포트폴리오 이론은 '분산효과'와 '상관'으로 이루어져 있다고 했죠. 상관이란 '관계성이 높은가, 낮은가'를 뜻합니다.

투자에서 꼭 알아두어야 할 점이 있어요. '세상의 변화와는 상관없이 수익이 나는 구조를 만드는 것'이 중요하다는 사실입니다.

너무나 당연한 말 아닌가요?

의외로 깜빡하는 사람도 많거든요.

'지수가 상승하는 추세라 주식에만 투자했고, 다양한 주식을 사서 분산효과를 꾀했다'라고 했을 때 어떤 생각이 드나요?

 글쎄요, '주식에만 투자했다'라는 점이 좀 걸리네요.

 '달걀과 바구니'에 비유해볼게요. 아무리 달걀을 나누어 담아도 한 손에 다 들고 있다 보면 모두 깨트릴 위험이 있죠.

 그렇죠.

 그래서 해리 마코위츠도 '가능한 한 상관성이 낮은 자산에 분산투자하라'고 강조했어요.

 상관성이 낮은 자산이요?

 예를 들어 '금융자산'과 '현물자산', '엔화 투자상품'과 '달러 투자상품' 같은 식으로요. 한쪽이 낮아지면 다른 한쪽이 올라가는 시소 관계가 이상적입니다.

 애초에 '상관'이 무슨 뜻인지 잘 모르겠어요.

인터넷에서 '상관계수'를 검색하면 쉽게 찾을 수 있습니다. '주요 자산의 상관계수'도 여러 회사에서 제공하고 있어요.

다음 표를 함께 볼까요?

주요 자산의 상관계수

최근 10년간의 상관계수

	일본 주식	미국 주식	세계 주식	신흥국 주식	미국 하이 일드 채권	신흥국 국채 (달러)	신흥국 국채 (현지 통화)	미국 부동산	일본 부동산	일본 국채	선진국 국채	미국 국채 10년	달러·엔
일본 주식	1	0.66	0.68	0.48	0.45	0.23	0.3	0.35	0.48	-0.33	-0.32	-0.49	0.6
미국 주식	0.81	1	0.96	0.75	0.77	0.53	0.51	0.69	0.42	-0.1	0.07	-0.4	0.23
세계 주식	0.83	0.98	1	0.87	0.82	0.62	0.65	0.69	0.43	-0.12	0.18	-0.39	0.16
신흥국 주식	0.62	0.79	0.87	1	0.77	0.66	0.8	0.59	0.32	-0.06	0.35	-0.28	-0.05
미국 하이일드 채권	0.56	0.81	0.84	0.79	1	0.78	0.66	0.7	0.39	0.08	0.27	-0.22	-0.01
신흥국 국채(달러)	0.4	0.61	0.68	0.7	0.88	1	0.77	0.63	0.35	0.26	0.53	0.14	-0.19
신흥국 국채(현지 통화)	0.43	0.51	0.61	0.73	0.69	0.81	1	0.53	0.36	0.1	0.54	-0.07	-0.21
미국 부동산	0.57	0.8	0.8	0.65	0.82	0.64	0.46	1	0.43	0.21	0.32	0.05	0
일본 부동산	0.59	0.58	0.6	0.46	0.7	0.64	0.51	0.75	1	0.28	0.06	-0.13	0.21
일본 국채	-0.27	0.01	0.01	0.04	0.29	0.42	0.15	0.35	0.25	1	0.49	0.5	-0.37
선진국 국채	-0.25	0.07	0.12	0.27	0.26	0.46	0.36	0.17	0	0.55	1	0.55	-0.72
미국 국채 10년	-0.57	-0.4	-0.44	-0.43	-0.37	-0.14	-0.32	-0.21	-0.35	0.51	0.64	1	-0.46
달러·엔	0.52	0.26	0.21	0.03	0.05	-0.11	-0.1	0.11	0.23	-0.35	-0.78	-0.59	1

최근 3년간의 상관계수   ※ 출처: J.P. Morgan Asset Management

 어떻게 보면 되나요?

 표에 나온 '상관계수'에 주목해주세요.

'-1'부터 '1' 사이의 숫자로 나타내는 상관계수는 '1'에 가까울수록 '비슷한 움직임', '-1'에 가까울수록 '반대의 움직임'이라는 뜻입니다.

'0'일 때는요?

'0'은 '상대편 움직임과 관계가 없다'라는 뜻입니다. 최근 3년간의 수치를 보면 일본 부동산과 선진국 국채의 관계가 '0'이네요.

가로와 세로에 같은 자산이 나열되어 있어요.

그렇습니다. 상관관계를 알고 싶은 자산 두 가지를 골라 교차 지점의 숫자를 확인하면 되죠.
예를 들어 일본 주식과 미국 주식의 최근 10년간 상관계수는 0.66입니다. 가깝다면 가까운 수치네요.
한편 일본 주식과 미국 부동산의 최근 10년간 상관계수는 0.35입니다. 일본 주식이 하락해도 미국 부동산은 큰 영향을 받지 않는다는 뜻이에요.

이 표에서 '-1에 가까운, 즉 관계가 먼 자산끼리 묶으면 리스크가 분산된다'라고 생각하면 되죠? 인터넷에서 쉽게 찾을 수 있다니 꼭 참고할게요.

파이낸스 이론의 기본을 쉽게 알아보자!

자산운용회사가 발표하는 자료를 참고하면 도움이

될 거예요.

상관계수가 -1에 가까운
조합일수록
리스크 분산효과가 있다!

폭발 성장의 비결은
'1년씩 끊어 생각하기'

'일정 기간으로 끊어 생각하기'는 아주 유용한 회계 사고입니다.

여러분도 일상에 쫓겨 하루하루를 살다가 퍼뜩 정신이 들 때가 있지 않나요? 회계에서는 '정해진 기간을 돌아보고 숫자로 정리하는 작업'을 반드시 합니다.

인생도 마찬가지입니다. 현재 상황을 정리하고 지난 1년을 되돌아보면서 자신의 과제가 무엇인지 깨닫는 과정이 아주 중요합니다. 직장인들은 때가 되면 월급이 나오니 깜빡하기 쉬운데, 그러다 보면 모처럼 주어진 성장의 기회를 놓치게 됩니다.

먼저 연초에 목표를 정하는 것부터 시작합니다. 그리고 연말이 되면 연 수입 증감을 비롯한 P/L 항목과 계좌, 투자, 차입 잔액 등의 B/S 항목을 파악하여 자신의 현재 상황을 결산해봅니다. 마지막으로 PART 4에서 재무분석을 배웠듯이 작년의 자신과 올해의 자신을 비교하여 성장률을 되돌아보시길 추천합니다.

어떤 차이점을 발견했다면 원인을 찾아내고 대책을 세워보세요. 1년이 너무 길게 느껴진다면 반년이나 분기별로 나누어도 좋겠지요. 일정 기간을 되돌아보면서 목표를 수치화하는 습관을 들이면 인생이 점차 선순환 구조로 들어서게 됩니다.

지금 유튜브 활동을 하고 있다면 구독자 수를 몇 명까지 올리겠다거나, 프리랜서라면 매출을 얼마까지 높이겠다는 등 명확한 목표를 세워보세요. 그렇게 1년을 보내면 저절로 폭발적인 성장을 이루게 될 것입니다.

SECTION

7

POINT

핵심
포인트 !

투자자의 기대치를
나타내는 PER

☑ 주가수익비율(PER) = 주가÷주당순이익(EPS)
☑ PER은 기업의 성장성에 대한 투자자의 기대치
☑ 투자자가 생각하는 해당 기업의 수명으로도 해석할 수 있다.

주식투자에서 자주 사용하는 지표도 소개할게요.
'주가수익비율(PER, Price Earnings Ratio)'이라는 지표입
니다.
조금 복잡하니까 주식에 전혀 관심이 없다면 PER과
PBR의 설명은 건너뛰어도 괜찮습니다.

PER이라면 알고 싶었어요! 주식투자를 하려면 용어
도 알아야겠더라고요.

PER이란 '기업의 성장성에 대한 투자자의 기대치'라
고 생각하면 됩니다.
PER은 보통 '주가의 고평가, 저평가'를 판단하는 지

파이낸스 이론의 기본을 쉽게 알아보자!

표로 사용되죠. 보통 10을 기준으로 보기 때문에 20배 이상이라면 고평가, 10배 미만이라면 저평가라고 판단해요. 하지만 그보다도 '장래성 지표'라는 측면이 더 강합니다.

투자자의 기대치를 숫자로 나타낼 수 있다니 굉장하네요.

계산식 자체는 아주 간단하니까 먼저 소개할게요. PER은 주가를 주당순이익(EPS, Earnings Per Share)으로 나눈 것입니다.

EPS도 회사의 수익성을 나타내는 하나의 지표예요. EPS를 구하려면 기업이 한 해 동안 벌어들인 순이익을 발행주식수로 나누면 되죠. 1주당 얼마의 순이익을 벌었는가를 나타내요.

경쟁사와 비교할 때도 유용합니다. 매출 규모나 발행주식수가 다르더라도 EPS를 계산하면 '수익력'을 쉽게 비교할 수 있거든요.

그렇군요.

그럼 PER 설명으로 돌아갈게요. PER은 '현재 주가가 EPS의 몇 배인가'를 나타냅니다. PER이 50일 때 '저 회사의 PER은 50배다'라는 식으로 표현해요.

$$\text{PER} \quad \frac{\text{주가}}{\text{EPS}} \text{ (배)} \qquad \text{EPS} \quad \frac{\text{당기순이익}}{\text{발행주식수}}$$

 예를 들어 예상되는 당기순이익이 5억 원이고 발행주식수가 10만 주일 때, EPS는 '5억 원÷10만 주 = 5,000원'입니다. 1주당 5,000원의 이익이 발생한다고 예측할 수 있겠죠.

- 당기순이익 5억 원
- 발행주식수 10만 주, 주가 10만 원

$$\underset{\text{(주당순이익)}}{\text{EPS}} = \frac{\text{5억 원}}{\text{10만 주}} = \text{5,000원}$$

$$\underset{\text{(주가수익비율)}}{\text{PER}} = \frac{\text{10만 원}}{\text{5,000원}} = \text{20배}$$

파이낸스 이론의 기본을 쉽게 알아보자!

뭐가 뭔지 모르겠어요….

 지금부터 설명하는 개념만 이해하면 문제없어요! 기본적으로 주가가 EPS보다 높다는 전제가 깔려 있습니다. 주가는 1주의 가격인데 1주당 5,000원의 이익을 내는 주식을 3,000원에 살 수 있다면 앞뒤가 맞지 않죠.

 하긴 주가가 더 높으니까 '몇 배'라고 표현할 수 있는 거겠네요.

 그렇습니다. 또 PER은 기업 매수에도 자주 등장해요. '이 회사의 주식을 모두 샀을 때 자금 회수에 몇 년이 걸리는가?'의 기준으로 사용합니다.

 어? 주가랑 EPS는 '1주 단위' 아닌가요?

 맞습니다. 하지만 분자와 분모에 '발행주식수'를 곱하면 PER은 '회사의 시가총액(=주가×발행주식수)÷당기순이익'이 되죠.

그때그때 필요한 수치를 넣어서 계산하면 되는군요.

 계산식 자체보다도 회사의 경영 상태를 정확히 파악하고자 하는 관점이 중요하니까요.

예를 들어 어느 회사의 PER이 8배라면 '원금을 회수하는 데 8년이 걸린다'라고 예상할 수 있어요.

또 퀴즈를 한번 풀어볼까요?

 Q PER 300배인 회사가 있다면 주식을 사겠습니까?

 회수하는 데 300년이나 걸린다고요? 안 살래요!

 PER이 300배인 회사도 많고 실제로 매수되기도 해요. 회사가 급성장하면 순이익이 증가하고 EPS가 점점 커집니다. EPS는 1주당 벌어들이는 순이익이니까요. 반면에 분모인 EPS가 커지는 만큼 PER은 작아집니다.

이런 현상을 이해하고 있는 투자자라면 '지금은 PER이 300배여도 대강 10년쯤 후에는 회수할 수 있겠지'라고 예상합니다. 그래서 PER은 '투자자의 기대치'라고도 불려요.

그런 반전이! 그럼 PER이 낮으면 어떻게 되나요?

PER이 3배 정도로 낮은 회사도 있습니다. 매수 원금을 3년 이내에 빠르게 회수할 수 있다는 뜻이죠.
또 PER은 해당 기업의 수명이라고 해석할 수 있습니다. 이 회사의 사업 모델은 앞으로 3년이 한계라고 시장이 판단했다는 뜻입니다.

냉정한 평가네요.

PER이 높은 회사는 '성장이 기대되는 곳'이라고 생각하면 돼요. 반대로 3배, 4배 또는 극단적으로 낮은 회사는 슬슬 수명이 다한 곳이 아닐까 의심해봐도 좋겠죠.

유명한 기업의 PER은 얼마 정도 되나요?

검색해보면 금방 알 수 있습니다. 나스닥에 상장한

기업을 살펴보면 아마존 47배, 넷플릭스 34배, 마이크로소프트 36배, 구글(알파벳)은 23배[1] 정도입니다. 엄연히 기준치이기 때문에 업계에 따라 평균도 크게 달라요. 대강 그 기업의 장래성을 나타내는 지표라고 생각하면 됩니다.

그럼 테슬라는 어느 정도일까요? '테슬라 PER'이라고 검색하면…, 약 165배! 역시 엄청난 기대를 모으고 있군요!

PER이란 회사의 성장성에 대한 기대치!

---

1 2022년 2월 말 기준

SECTION 8

주식의 가치를 나타내는 PBR

POINT
핵심 포인트 !

- ☑ 주가순자산비율(PBR) = 주가÷주당순자산(BPS)
- ☑ 순자산은 '청산가치'라고도 한다.
- ☑ PBR은 주가의 고평가, 저평가를 판단하는 데 기준이 된다.
- ☑ 벌처펀드는 PBR이 1배보다 낮은 기업을 노린다.

PER과 비슷한 지표 중에 '주가순자산비율(PBR, Price Book-value Ratio)'이 있습니다. 마찬가지로 주가의 고평가, 저평가를 판단하는 지표로 많이 쓰여요.

계산식의 분자는 PER과 똑같이 '주가'이고 분모에는 '주당순자산(BPS, Book-value Per Share)'을 대입합니다. EPS에서는 순이익을 사용했죠? BPS는 순자산, 즉 '상환 의무가 없는 회사 자신의 돈'으로 계산합니다.

$$PBR \quad \frac{주가}{BPS} \quad (배) \qquad BPS \quad \frac{순자산}{발행주식수}$$

PER은 '주가가 주당순이익의 몇 배'인가를 나타내고, PBR은 '주가가 주당순자산의 몇 배'인가를 나타내는 군요. 용도가 어떻게 다른가요?

투자자는 PER과 PBR을 모두 참고합니다. 하지만 PER의 계산식에는 당기순이익이 필요해서 적자인 회사는 PER을 계산할 수 없어요. 바로 그럴 때 PBR 이 유용합니다.

아하!

순자산은 '상환 의무가 없는 회사 자신의 돈'이었죠. B/S를 복습할 겸 다시 설명하면, B/S의 왼쪽 자산에 서 오른쪽 부채를 뺀 것이 순자산이에요.

네, 기억나요.

순자산은 '회사의 자산을 모두 처분하고 부채를 모 두 갚은 후에 남은 돈'입니다. 순자산을 '청산가치'라 고도 하는데 회사를 청산할 때 회수 가능한 금액의 화폐적 가치를 말합니다.

청산 시에 주주가 배당받을 수 있는 자산의 가치를
뜻하기도 해요.

회사가 도산하면 남는 순자산이 없을 것 같은데요.

빚을 떠안은 채로 도산했다면 남는 게 없겠지만 아
직 건강한 회사가 청산할 때도 있으니까요. 그럴 때
는 부채를 모두 갚고 남은 돈이 주주의 몫이 됩니다.
정리하면 주당순자산(BPS)이란 '청산 시에 주주가 받
을 수 있는 1주당 금액'이에요.

이제 이해됐어요!

'청산'이라는 상황에서 생각해보면 '주가 = 청산 시에
돈을 받을 수 있는 권리액'이라고도 할 수 있어요.
PBR의 기준은 '1배'입니다. PBR이 1배 이상이면 고
평가, 1배 이하면 저평가라고 보죠.

PBR이 1배 이상이라면 '주가'가 '청산 시에 받을 수 있는 금액(BPS)'보다 크다는 뜻입니다.

 딸이 뽑기를 좋아하는데 한 번 할 때마다 3,000원씩이나 들어가니 아깝다는 생각이 들더라고요. 투자자의 마음도 비슷할 것 같아요.

 재미있는 비유네요. 뽑기를 할 권리가 '주가'이고 나오는 물건의 가치가 'BPS'라고 보면 되겠네요. 주가가 실제 가치보다 비싸면 투자자로서는 손해죠. 그래서 PBR이 1배 이상일 때를 '고평가'라고 하는 거예요.

 반대로 1배보다 낮으면 이득인 거죠?

 그렇습니다. 다만 회계기준에 따라 달라질 수 있어요. 시가가 아닌 취득원가 그대로 자산의 가치를 계산했다면 PBR이 1배 미만이라도 이득이 되지 않을 때도 있죠.

 주식 종목 찾을 때 꼭 염두에 둘게요!

참고로 벌처펀드(vulture fund)란 PBR이 낮은 부실기업을 노려 적대적 매수를 하고, 경영을 정상화한 뒤에 되팔아 고수익을 내는 집단을 말합니다.

 약한 사냥감을 노리는 독수리(vulture) 같아서 그런 이름이 붙은 거겠네요.

> 더 알아보자!
>
> **기업회생을 가장한 벌처펀드**
>
> 기업회생에 외국계 펀드가 얽혀 있다는 뉴스를 봤다면 대체로 벌처펀드라고 보면 됩니다. 회사를 통째로 팔기는 어렵지만, 도시바의 반도체사업부 매각처럼 사업부 처분에 관여해 큰 이익을 내기도 합니다.

잠깐! 설마 내가
'보틀넥' 아닐까?

앞서 생산 공정의 예를 들어 설명한 보틀넥은 개인에도 대입할 수 있는 개념입니다. 일상생활이나 직장에서 자신이 보틀넥은 아닌지 점검해봐야 합니다. 의식해서 되돌아보지 않으면 깨닫지 못할 때도 많으니까요.

어떤 책을 읽는데 '상사에게 자료 작성을 요청받았을 때 정리가 덜 되었더라도 빨리 제출하는 편이 좋다'라는 내용이 눈에 띄더군요. 아무리 시간을 들여 정성껏 정리해도 상사의 의도에 맞지 않는다면 다시 수정해야 합니다. 그러니 간단히 방향성을 확인하는 편이 훨씬 효율적이라는 뜻이겠지요.

공들여 작성한 자료를 다시 고쳐 오라고 하면 담당자는 왜 헛수고를 시키냐며 투덜대겠지만, 상사는 그것 때문에 팀 전체의 일 진행이 늦어졌다고 생각할 것입니다. 담당자와 상사의 시야가 서로 다르기 때문입니다.

'시야'는 수치화할 수 없지만, 사회인으로서의 평가를 크게 좌우하는 능력입니다. 관리자의 가장 중요한 역할은 팀 전체를 보고 보틀넥을 제거하는 일입니다. 그러나 엉뚱한 일에만 열을 올리다가 스스로가 보틀넥이 되는 관리자도 의외로 많습니다.

어떤 일을 하든 자신뿐만 아니라 팀, 회사에 어떤 영향이 있는지 넓은 시야로 바라보는 습관을 들이면 좋겠습니다.

앞날이 불투명한 위태로운 시대,
여러분은 어떻게 살아가실 건가요?

여기까지 읽어주셔서 감사합니다.

회계 수업은 어떠셨나요? 조금 어렵게 느꼈거나 자세히 이해하지 못해도 괜찮습니다.

'회계가 이런 거였구나!'

'회계 사고란 여러모로 쓸모가 있구나!'

이렇게 느끼셨다면 이 책을 쓴 목적은 달성한 셈이니까요.

저는 경제, 시간, 인간관계, 지역 등 어떤 면에서도 얽매이지 않는 '프로페셔널한 자유인'이 되고자 열심히 달려왔습니다. 꿈을 이루기 위해 학생 시절부터 공부와 운동을 게을리하지 않았고, 목표한 대로 자격증을 취득한 다음에는 회사도 성공적으로 일구었습니다.

한창 자격증을 준비하던 대학생 때는 한도를 꽉 채워서 학자금 대출을 받고, 교토의 3평 남짓한 허름한 방을 남자 둘이서 공유하며 우물물을 퍼다 마셨습니다. 저녁은 매일 1,000원짜리 즉석 카레로 때웠고, 한 달에 한 번 먹는 소고기덮밥이 유일한 사치였지요. 듣는 사람마다 깜짝 놀랄 만큼 몹시 가난한 시절이었습니다.

그런 생활에도 굴하지 않고 공부한 덕분에 무사히 공인회계사 시험을 통과했고, 대학 졸업과 동시에 세계적으로 유명한 컨설팅 회사에 입사했습니다.

물론 보람 있는 나날이었습니다. 하지만 회계를 공부하면 공부할수록 그리고 실제 비즈니스 현장에서 활용하면 활용할수록 사물을 멀리, 넓게, 다양한 관점에서 보게 된 저는 언제부터인가 이런 의문을 가지게 되었습니다.

'한 기업에 고용된다는 것은 어떤 의미일까?'

고민 끝에 독립하기로 결심한 저는 스물여섯 살의 젊은 나이에 도쿄로 와서 회사를 차렸습니다. 회사는 기대보다 훨씬 순조롭게 성장했고 즐거운 나날이 이어졌습니다.

힘든 일에 맞닥뜨려도 좋은 사람들의 도움과 '회계 사고'로 뛰어넘을 수 있었습니다. 거기에 직원복도 있어서 제가 일으킨 사업은 안정적으로 성장하고 있습니다.

돌이켜 보면 회계 지식은 저에게 '수입 이상의 재산'을 가져다주었습니다. 단순히 숫자를 읽는 것뿐만 아니라 과거를 돌아보고 앞날을 내다보는 데 필요한 회계 사고는 지금처럼 한 치 앞도 내다볼 수 없는 시대에 꼭 필요한 능력입니다.

'의욕은 넘치는데 방법을 모르고 방황하던 과거의 자신에게 무엇을 알려줄 수 있을까?'라는 생각이 이 책을 쓰게 된 계기였습니다. 과거의 제가 회계 사고로 변화했듯이, 생각과 방법을 바꾸기만 해도 인생이 좋은 방향으로 전환될 사람이 있으리라고 생각한 것입니다.

계속되는 불황 속에 코로나 유행까지 겹쳐 지금까지의 일상이 180도 바뀌었습니다. 당연하다고 생각했던 일들이 귀해졌습니다. 언젠가 좋아질 것이라는 수동적인 자세로는 살아남을 수 없는 시대가 되었습니다.

'대기업에만 들어가면 된다.'

'공무원은 철밥통이지.'

'나중이 무슨 소용이야. 지금 신나게 사는 게 중요해'.

이렇게 생각하는 사람들도 있겠지요. 하지만 그런 사고방식은 이제 더는 통하지 않습니다. 자신의 인생을 스스로 책임지며 위기의식을 가지고 살아가야 합니다. 자신을 바른 방향으로 이끌고 유익한 정보를 가려들으며 경제적으로 자립하는 힘이 무엇보다도 필요한 시대입니다.

이 책에서 소개한 회계 지식과 회계 사고는 이런 불확실한 세상에서 살아남는 데 꼭 필요한 기술입니다. 부디 자신의 힘으로 이 기술을 획득하시기 바랍니다.

그렇게 말하는 저 역시 아직도 성장하는 중입니다. 회계 사고로 배움의 플로와 스톡을 반복하며 레버리지를 활용해 더욱 더 프로페셔널한 자유인으로 성장하고자 합니다. 이 책을 읽은 여러분도 함께 성장해주신다면 더없이 기쁘겠습니다.

마지막까지 읽어주신 여러분께 다시 한번 감사를 전합니다.

고야마 아키히로

색인

옮긴이 김지낭

일본 요코하마국립대학교에서 경영학을 전공하고 고려사이버대학교에서 상담심리학을 공부했다. 글밥 아카데미 수료 후 바른번역 소속 번역가로 활동 중이다. 한일 양국의 언어로 다양한 분야의 번역에 도전하고 있다. 역서로는 『회계 상식으로 배우는 돈의 법칙』 『돈 버는 말투, 돈 버리는 말투』 등이 있다.

솔직히 회계 1도 모르겠습니다

초판 1쇄 발행 2022년 7월 13일
초판 3쇄 발행 2023년 6월 7일

지은이 고야마 아키히로
옮긴이 김지낭
펴낸이 김선준

편집본부장 서선행(sun@forestbooks.co.kr)
편집1팀 임나리, 배윤주, 이주영 **디자인** 엄재선, 김예은
마케팅팀 권두리, 이진규, 신동빈
홍보팀 한보라, 이은정, 유채원, 유준상, 권희, 박지훈
경영지원 송현주, 권송이

펴낸곳 ㈜콘텐츠그룹 포레스트 **출판등록** 2021년 4월 16일 제2021-000079호
주소 서울시 영등포구 여의대로 108 파크원타워1 28층
전화 02) 332-5855 **팩스** 070) 4170-4865
홈페이지 www.forestbooks.co.kr
종이 (주)월드페이퍼 **인쇄** 더블비 **제본** 책공감

ISBN 979-11-91347-99-9 (03320)

㈜콘텐츠그룹 포레스트는 독자 여러분의 책에 관한 아이디어와 원고 투고를 기다리고 있습니다. 책 출간을 원하시는 분은 이메일 writer@forestbooks.co.kr로 간단한 개요와 취지, 연락처 등을 보내주세요. '독자의 꿈이 이뤄지는 숲, 포레스트'에서 작가의 꿈을 이루세요.